vlm
VERLAG DER
LIEBENZELLER
MISSION

Hans-Dieter Frauer

Der schwäbische Himmel

Die Reformation in Württemberg

Geschichten zur Geschichte

vlm
Verlag der
Liebenzeller
Mission

»Die Schwaben sind
vernünftiger als die Elsässer,
edler als die Bayern,
gerechter als die Brabanter,
reicher als die Franken
und frömmer als alle anderen Deutschen.«

Aus der Historiae Suevorum des Felix Fabri
(1421 – 1502)

Besuchen Sie uns im Internet:
www.vlm-liebenzell.de
E-Mail: vlm@liebenzell.org

Fotos: Stadt Alpirsbach; Bönnigheim; Calw; Herrenberg, Rottenburg; Waldensermuseum Schönenberg
Umschlaggestaltung: Design-Studio Henri Oetjen, Lemgo
Herstellung: Finidr, Cesky Tesin/EU
ISBN 978-3-921113-19-6

Inhalt

Vorwort

In Württemberg ist alles anders – von der Sprache angefangen. Nicht das Arbeiten, sondern das Schaffen hat einen hohen Stellenwert. Schwaben (um diesen Begriff hier mal nur auf die Württemberger anzuwenden) sind bekannt für Fleiß, Verlässlichkeit, Treue. Sie schauen über den Tellerrand hinaus, sie denken nach, und sie gelten als das Volk der Tüftler, Denker und Erfinder. Dass sie auch widerborstig und uneinsichtig bis zur Sturheit sein können, ist kein Gegensatz, sondern eigentlich nur logisch.

Das Land und seine Einwohner sind wie kein anderes – das ferne Siebenbürgen vielleicht ausgenommen – von ihrem evangelischen Glauben geprägt. Altwürttemberg, so, wie es bis zum Jahre 1806 bestand, war eine von altgläubigen Gebieten umgebene evangelische Insel. Die Reformation kam wegen besonderer Umstände erst mit Verspätung hierher, hat sich dann aber umso nachhaltiger ausgewirkt. So erfolgte der Neuaufbau des Herzogtums Württemberg im Zeichen des neuen Glaubens unter dem Motto »Gottes Wort bleibt in Ewigkeit«.

Damals wurde das Land so durchgreifend umgestaltet wie nie in seiner Geschichte. Man schaffte ab, was mit dem evangelischen Glauben nicht vereinbar war oder nicht vereinbar schien, und machte sich daran, einen schwäbischen Himmel zu schaffen mit einem vorzüglichen und für die damalige Zeit beispielhaft modernen Schul- und Bildungswesen. Das kleine Württemberg hatte bald die anerkannt beste Pfarrerschaft im Deutschen Reich und wurde zur neuen Heimat für ungezählte evangelische Glaubensflüchtlinge. Das kleine abgelegene Land, ohne Großstädte, ohne Handelsstraßen und ohne Bodenschätze, wurde rasch zur führenden evangelischen Macht in Deutschland und darüber hinaus.
Das hat vor Irr- und Fehlwegen nicht immer bewahrt. Der evan-

gelische Glaube gehörte zwar zur württembergischen Identität, und hier wurde niemals ein Andersgläubiger nur aus Glaubensgründen zum Tode verurteilt, man konnte sich aber dennoch sehr verrennen. So benutzte man über hundert Jahre einen eigenen Kalender, oder hier wurde nach dem 30-jährigen Krieg, der – wie sich zeigte – untaugliche Versuch unternommen, die Menschen wieder zu Christen zu erziehen: entstanden ist aber das berüchtigte »Lutherisch Spanien«. Dennoch ist der evangelische Glaube bis heute in Württemberg lebendig, auch wenn seine Prägekraft deutlich nachgelassen hat.

In diesem Buch werden die Veränderungen durch die Reformation und ihre Auswirkungen anhand kurzer Geschichten und Biografien beschrieben und nachgezeichnet. Es soll und kann nicht vollständig sein; angestrebt ist, dass sich die einzelnen Mosaiksteine zu einem anschaulichen und lebensnahen Porträt des Landes und seiner Menschen zusammenfügen.

Bewusst ausgeblendet wurde der Bereich Pietismus; er wird in einem weiteren Buch mit dem Titel »Das schwäbische Paradies« geschildert.

Vor der Reformation: die alte Welt neigt sich ihrem Ende zu

Es dauerte rund 1.000 Jahre, bis Mitteleuropa als christlich gelten konnte. Dann aber setzte sich der Glaube prägend durch und beherrschte in einer heute kaum mehr vorstellbaren Weise das Leben und das Denken.

So galt es bald als selbstverständlich, dass Jerusalem der Mittelpunkt der Erde war – weil sich dort das in der Bibel bezeugte Heilsgeschehen ereignete. Auf Weltkarten des frühen Mittelalters ist denn auch Jerusalem als Welt-Mittelpunkt dargestellt, um den sich in Kreuzesform die (damals bekannten) drei Erdteile scharen. Dass es drei Erdteile (und nicht mehr) gab, las man aus dem Besuch der Weisen aus dem Morgenland ab, über den die Bibel ja berichtet. Sie gaben drei Geschenke – von denen jeder nach damaligem Denken für einen Erdteil stand. Also musste es drei Erdteile geben – aber nicht mehr.

Stand Jerusalem im Mittelpunkt der Erde, die man sich als Scheibe dachte, so war die Erde Mittelpunkt der Welt, weil Jesus über sie gegangen war. Die Gestirne hatten sich daher ehrfurchtsvoll um eben diesen dadurch besonders gewürdigten Planeten zu bewegen. Dieses Weltbild galt als biblisch abgesichert und daher als unumstößlich. Dass es eben das *nicht* war, hat der Reformation mit den Weg bereitet.

Die Zeit des ausgehenden 15. Jahrhundert, also die Zeit unmittelbar vor der Reformation, war nämlich ein Zeitalter tief greifender Umbrüche. Die Kugelgestalt der Erde wurde neu entdeckt. In Nürnberg schuf Martin Behaim 1492 den ersten Globus. Die neu entstehende Astronomie wies nach, dass die Erde eben nicht der Mittelpunkt der Welt war, sondern nur ein Planet unter unendlich vielen. So legte Nikolaus Kopernikus 1543 seine These vom heliozentrischen Sonnensystem vor, bei dem die Erde eben nicht im Mittelpunkt der Planetenbahnen steht. Neu entwickelte Techniken - wie etwa der verbesserte Kompass - erlaubten Fahrten fern von der Küste: Kolumbus entdeckte einen neuen Erdteil, eben »die Neue Welt«, und Magellan umrundete die Erde.

Das in Jahrhunderten bewahrte Weltbild zerbrach radikal. Zudem hatten die – heidnischen – Osmanen 1453 Konstantinopel erobert und so dem Jahrtausende alten Oströmischen Reich den endgültigen Todesstoß versetzt. Der neu entwickelte Buchdruck trug diese als Berichte von den buchstäblich umstürzenden Erkenntnissen rasch in alle Welt, was wiederum innere Unruhe und Lebensängste auslöste. Kunst und Wissenschaft lösten sich von Überkommenem und fanden zu Neuem: So verlässt die Malerei ab etwa 1500 immer mehr die Darstellung rein religiöser Motive; in dieser Zeit entsteht die erste Aktzeichnung seit der Antike mit der von Giorgione geschaffenen »Schlummernden Venus«.

Die Amtskirche war mit sich selbst beschäftigt

Die in innere Zwiste verstrickte Amts- und Weltkirche fand keine Antworten auf die Fragen der Zeit, sie hielt zäh am Alten fest und wehrte sich gegen Neues. Kopernikus wagte seine These vom Sonnensystem erst zu veröffentlichen, als er bereits auf dem Sterbebett lag. Noch im Jahr 1600 wurde Giordano (?)Bruno als Ketzer verbrannt, weil er die These von einem unendlichen Universum ohne Mittelpunkt vertreten hatte. Anfangs durchaus innerkirchliche Reformversuche – etwa durch die Waldenser oder durch Johannes Hus – wurden blutig erstickt.

Die Päpste – es gab einmal drei nebeneinander und jeder behauptete von sich, allein der wahre Stellvertreter Gottes auf Erden zu sein – waren mit die unwürdigsten Gestalten ihrer Zeit; ihr Lebenswandel wäre sogar nach heutigen Maßstäben skandalös zu nennen. Sie versagten sich hartnäckig der schon lange und zunehmend heftiger geforderten Reform der Kirche an Haupt und Gliedern. Der hohe Klerus mehrte seinen Reichtum, der niedere verwahrloste in theologischer Unbildung.

Viele Menschen konnten sich in den für sie schlechthin unbegreiflichen Umbrüchen nicht mehr zurechtfinden. Alte, scheinbar bewährte und erprobte Lebens- und Wertvorstellungen gerieten ins Wanken. Die bestehende Kirche fand keine Antworten auf die die Menschen bedrängenden Fragen. Zwar gab es Prozessionen, Ablasshandel, Wallfahrten, Heiligenverehrung und Reliquienkult in bisher ungekanntem Ausmaß, die Prachtentfaltung der Kirche wurde ins Unermessliche gesteigert. Das reichte aber nicht aus, um Höllenvisionen und die verbreitete Weltuntergangserwartungen zu bannen.

Sinnentleerter frommer Aktionismus

In dem durch Pestwellen des 15. Jahrhunderts weithin entvölkerten Mitteleuropa waren die Menschen von Ängsten gequält und flüchteten in geradezu hektischen religiösen Aktivismus: Wallfahrten häuften sich, die Heiligenverehrung uferte so aus, dass zeitweise Städte, Berufe, jede Krankheit und sogar Tiere ihre Schutzheiligen und Nothelfer hatten. Daneben wurde ein geradezu schamloser Reliquienkult betrieben: der sächsische Kurfürst Friedrich der Weise besaß 1520 insgesamt 19.013 Reliquien, die ihm einen Ablass für rund 2 Millionen Jahre gewährleisten sollten. Ein Zeichen der verbreiteten Unsicherheit ist auch der in dieser Zeit neu aufbrechende und vom Papst geförderte Hexenwahn, mit dem man unbequeme Frager und Denker beseitigen konnte.

Der Institution Kirche entwickelte sich zur Geldbeschaffungsmaschine. Es kam zum Kauf und Verkauf kirchlicher Ämter. Wer viel bezahlte, konnte – ohne Rücksicht auf seine Befähigung – hohe und höchste kirchliche Ämter kaufen und sie sich mit Jahreszahlungen (»Annaten«) immer wieder aufs neue sichern. Die Darlehen dafür gab z. B. Fugger in Augsburg zum exorbitanten Zinssatz von 50 Prozent. Um diese rasch anschwellenden Schulden überhaupt bezahlen zu können, wurde der Ablasshandel entwickelt, mit dem Sündenstrafen durch Geldzahlungen abgekauft wurden. Selbst für Verstorbene konnte der Ablass erworben werden.

Dessen ungeachtet war die Kurie laufend in Geldnot. Schon im Jahre 1300 hatte deshalb der damalige Papst Bonifatius VII. das »Jubeljahr« ersonnen, das es alle hundert Jahre einmal geben sollte. An ihm wurde im gesamten Bereich der (katholischen) Kirche ein Sonderopfer erhoben. Das erste Sonderopfer des Jahres 1300 brachte dermaßen viel Geld ein, dass schon Klemens VI. 1343 die Wiederkehr des Jubeljahres nach je 50 Jahren verordnete und Papst Urban VI. 1389 sogar die Jubeljahrsperiode auf 33 Jahre herabsetzte, mit der Begründung, Jesus habe 33 Jahre auf Erden gelebt. Schon 1470 galt diese Begründung nicht mehr.Das Jubeljahr kann seitdem alle 25 Jahre gefeiert werden. Unabhängig davon riefen einzelne Päpste zusätzliche Jubeljahre bei ihrer Besitznahme des päpstlichen Stuhls aus oder zu ihnen geeignet erscheinenden Anlässen. Das vorerst letzte Jubeljahr war im Jahre 2000.

»Württembergs geliebter Herr« prägte das Land bis heute

Auch ein halbes Jahrtausend nach seinem Tod am 24. Februar 1496 zählt Eberhard im Bart noch zu den bekanntesten württembergischen Fürsten. Der erste Herzog des Landes ist bis heute mit ungezählten Denkmalen, nach ihm benannten Straßen, Brücken und weiteren Bauwerken fast allgegenwärtig. Von ihm ist die Rede in der schwäbischen Nationalhymne »Preisend mit viel schönen Reden« als jenem Fürsten, »der in Wäldern noch so groß / sein Haupt kann kühnlich legen / jedem Untertan in Schoß«. An ihn erinnert die von ihm gegründete Eberhard-Karls-Universität Tübingen mit dem ersten Teil ihres Namens, die (katholische) Eberhardskirche in Stuttgart ist nach ihm benannt und in der Uracher Amanduskirche steht nicht nur sein Beichtstuhl, er selbst ist dort mit einer 1904 aufgestellten Statue verewigt.

Wohl sind die meisten Erinnerungsstätten erst im denkmalfreudigen 19. Jahrhundert entstanden, doch schon kurz nach seinem Tod rühmte Kaiser Maximilian I. bei einem Besuch der damaligen Eberhard-Grabstätte Einsiedel bei Tübingen den Verstorbenen als einen Fürsten, »dessen Rat er oft gebraucht und dem er an Verstand und Tugend keinen im ganzen Reich zu vergleichen wisse«. Beim württembergischen Volk war der letzte Graf und erste Herzog des Landes so beliebt, dass man von ihm sagte: »Wenn Gott nicht Gott wäre, dann müsste unser Eberhard Gott sein.«

Eberhard wurde am 11. Dezember 1445 im Schloss Urach als dritter Sohn des Grafen Ludwig I. und der Pfalzgräfin Mechthild geboren. Nach dem frühen Tod seiner beiden älteren Brüder und seines Vaters übernahm er bereits mit 14 Jahren formell die Regierung des Landesteils Württemberg-Urach. 1468 unternahm er eine Pilgerfahrt nach Jerusalem. Dort wurde er zum Ritter vom Heiligen

Grab geschlagen, von dort brachte er sein Lebensmotto »Attempto« (« Ich wags«) und eine damals unübliche Barttracht mit, der er seinen Beinamen »Eberhard im Bart« verdankt.

Von 1474 an war er mit Barbara Gonzaga von Mantua verheiratet; das einzige Kind, ein Mädchen namens Barbara, starb in der Wiege. Eberhard starb am 25. Februar 1496 in Tübingen. Seinem Wunsche entsprechend wurde er in der Kutte der Brüder vom Gemeinsamen Leben im Stift Einsiedel bei Tübingen bestattet. 1537 wurden seine Gebeine auf Weisung von Herzog Ulrich in die Tübinger Stiftskirche überführt, wo aus diesem Anlass die erste evangelische Leichenpredigt in Württemberg gehalten wurde.

Württemberg vereint und geprägt

Der letzte Graf und erste Herzog des Landes wurde zur prägenden Leitfigur Württembergs, weil es ihm gelang, das 1442 in einen von Stuttgart und einen von Urach aus regierten Landesteil 1482 wieder zu vereinigen und zu einem Herzogtum zu erhöhen. Er hat damit die Grundlage für den Aufstieg der damaligen Grafschaft zu dem späteren Königreich gelegt.

Als ebenso folgenreich erwies sich die 1477 von ihm gegründete Universität Tübingen. Die eigene Landesuniversität sicherte die Ausbildung qualifizierter Theologen und Juristen und trug nach der Reformation wesentlich zur geistigen Unabhängigkeit des Landes bei. Schließlich hat Eberhard die »Brüder vom Gemeinsamen Leben« ins Land gerufen, eine vorreformatorische Laienbewegung, die sich um die Verbesserung der damals desolaten kirchlichen Zustände bemühte. Nach einer, Überlieferungen zufolge, »ungestümen Jugend« wurde er wahrhaft fromm, und er hat mit seinem eigenen, vom Glauben geprägten, Lebenswandel beispielgebend in das Land hineingewirkt.

Aus Sorge um Sauberkeit die Kehrwoche eingeführt

Auf Eberhard im Bart geht auch die als typisch schwäbisch geltende »Kehrwoche« zurück. Sein Vater und sein Großvater waren an der Pest gestorben. Wohl deshalb verordnete er 1492 im Stuttgarter Stadtrecht: »Damit die Stadt rein erhalten wird, soll jeder seinen Mist alle Wochen hinausführen. (Es soll) jeder seinen Winkel alle vierzehn Tage, doch nur bei Nacht, sauber ausräumen lassen und an der Straße nie einen anlegen. Wer kein eigenes Sprechhaus (WC) hat, muss den Unrath jede Nacht an den Bach tragen.«

Die Vorschrift wurde mehrfach geändert. So wurde am 13. Juli 1740 festgelegt: »...jedem Bewohner der Stadt, ohne Unterschied des Standes, besonders aber Hausbesitzern, die Reinerhaltung der Straßen, soweit ihre Häuser gingen, mittels zweimaligen Kehrens in jeder Woche und fleißige Säuberung der öffentlichen Plätze durch die in Almosen stehenden Armen (gebot), worüber Wegknechte und Bettelvögte genau Aufsicht führen sollten.« Ein eigens bestellter »Gasseninspektor« wachte über die Sauberkeit. Die Kehrwoche gab es fast 500 Jahre. Sie ist offiziell zwar gegen Ende des 20. Jahrhunderts abgeschafft worden, sie wird aber bis heute in vielen Orten praktiziert.

Vorbild für Generationen

Der zu Lebzeiten viel bewunderte und von seinem Volk wirklich geliebte Fürst wurde nach seinem Tod von den unterschiedlichsten gesellschaftlichen Kräften als Vorbild in Anspruch genommen: So reihte ihn die württembergische Landeskirche in die Gruppe der Vorreformatoren ein, weil er die »Brüder vom Gemeinsamen Leben« ins Land gerufen hatte. Der katholischen Kirche diente er als Namensgeber für ihre Konkathedrale in Stuttgart, weil ihn der Papst 1482 mit der sehr selten verliehenen »Goldenen Rose« ausgezeichnet hatte. Die württembergischen Fürsten beriefen sich gerne auf Eberhard: Als das Land 1806 zum Königreich aufstieg, sah sich König Friedrich I. in der Tradition des ersten Herzogs.

Die Volkstümlichkeit von »Württembergs geliebtem Herrn« zeigte sich in 15 historischen Schauspielen über ihn, im Neuen Schloss in Stuttgart waren ihm acht von 16 Freskenzyklen gewidmet (sie sind beim Wiederaufbau nach dem Zweiten Weltkrieg zerstört worden). Diese Volkstümlichkeit hat bis in die Gegenwart angehalten: 1905 brachte die Trossinger Firma Hohner eine – sehr erfolgreiche – Mundharmonika »Graf Eberhard« heraus, 1904 lud die katholische Diözese Rottenburg zu einer 25-tägigen Pilgerfahrt ins Heilige Land »Auf Eberhards Spuren« ein, und sogar im »Dritten Reich« gab es in Geislingen einen SA-Sturm »Graf Eberhard«, der auf seine Weise an die Judenfeindschaft im 15. Jahrhundert anknüpfte.

Der Graf bereitete ungewollt der Reformation den Weg

Das kleine Württemberg hatte sich im 15. Jahrhundert nachhaltig verändert: Unter der Regierung des tatkräftigen Eberhard im Bart (1457 – 1496) war das zuvor in eine Stuttgarter und Uracher Grafschaft aufgeteilte Land im Jahre 1482 wieder zusammengeführt worden. Der tüchtige und weitblickende Herrscher gründete 1477 in Tübingen die Eberhard-Karls-Universität, die bis heute mit dem ersten Teil ihres Namens an ihn erinnert. Zur Verbesserung des Zustandes der Kirche rief er die »Brüder vom Gemeinsamen Leben« herbei. 1495 wurde Württemberg zum Herzogtum aufgestuft – auch dies ein Zeichen seiner gestiegenen Bedeutung.

Mit der Universitätsgründung hatte der Fürst gute Voraussetzungen für die Reformation ein Menschenalter später geschaffen, dennoch hatte der neue Glaube im Herzogtum zunächst seine Schwierigkeiten.

Der seit 1503 regierende Herzog Ulrich war 1519 vertrieben worden, und sein Land befand sich unter der Herrschaft der Habsburger. Diese entschieden katholischen Fürsten unterdrückten jedes reformatorische Gedankengut. Dennoch floß aus den im Süden des Deutschen Reiches besonders zahlreichen Reichsstädten viel Wissen um den neuen Glauben ins Land. 1534 gelang es Herzog Ulrich, der zwischenzeitlich selbst evangelisch geworden war und – ein Zeichen seines religiösen Interesses – 1529 am Marburger Religionsgespräch zwischen Luther und Zwingli teilgenommen hatte, sein Land zurückzuerobern. Er und sein bedeutender Sohn, Herzog Christoph (1550 bis 1568), stehen an der Wiege des evangelischen Württemberg.

Diese damals weltabgelegene und unbedeutende Grafschaft, die erst 1495 zum Herzogtum aufstieg, war zusätzlich zu den Umwälzungen des 15. Jahrhunderts durch mehrere Ereignisse nachhaltig erschüttert worden: Eine Frau hatte 53 Kinder geboren und sie alle begraben müssen, und in Leidringen lebte ein stigmatisiertes Mädchen, Katharina Bruch, die an ihrem Körper die Wundmale des Herrn trug. Flugblätter machten diese un-glaublichen Ereignisse rasch weit bekannt und sorgten so zu weiteren, auch religiösen Erschütterungen. Schließlich gab es Vor-Reformatoren, die bereits vor Martin Luther die Kirche zu erneuern versuchten.

Im »Stift Einsiedel«: Beten für eine gute Zukunft

Das ab 1491 entstandene »Stift Einsiedel« sollte mit zu einer guten Zukunft für Württemberg beitragen. Sie sah der alternde Herzog Eberhard am ehesten dann gesichert, wenn alle Stände des Landes an der Herrschaft beteiligt waren. Deshalb verfügte der Fürst, dass in dem von ihm gegründeten Einsiedel Geistliche, Adlige und Bürger ohne Privatbesitz gleichberechtigt zusammenlebten.

Von dieser für die damalige Zeit geradezu revolutionären Neuerung erhoffte er sich einen wichtigen Beitrag für den Erhalt des von ihm geeinten Landes, dessen Bestand er wegen seiner Kinderlosigkeit bedroht sah. »Stift Einsiedel« war für Eberhard »ein Symbol der Landeseinheit«, das ihm sehr am Herzen lag. So holte der Herzog dazu die kaiserliche und päpstliche Genehmigung ein, ernannte den Tübinger Theologen Gabriel Biel zum ersten Propst und bestimmte in seinem Testament, dass er selbst einmal in Einsiedel bestattet werden wolle.

Eberhard rechnete das Stift Einsiedel zu den wichtigsten Leistungen seines Lebens, zusammen mit der Wiedervereinigung Württembergs, der Gründung der Universität Tübingen und der Ansiedlung der »Brüder vom Gemeinsamen Leben«, einer vorreformatorischen Kirchenreform-Bewegung. Dementsprechend kümmerte er sich sorgsam um Leben und Arbeit in dem von ihm großzügig ausgestatteten Einsiedel. Er legte etwa fest, dass die dort zusammen lebenden Geistlichen zuallererst für das Wohl von Haus und Staat Württemberg zu beten hätten und erließ genaue Verordnungen über Studium, das Abschreiben von Büchern und das gemeinsame Leben. So wurde z. B. in 30 Kapiteln festgelegt, dass es im Stift Einsiedel kein privates Eigentum geben solle. Auch die Sitz-, Ess-, Koch- und Jagdordnung war geregelt. So war beispielsweise bestimmt, dass Geistliche alle vier, Laien dagegen alle zwei Wochen zu baden hätten.

Die »politische Utopie Einsiedel« überlebte ihren Gründer nicht lange. Eberhard wurde wohl nach seinem Tod 1496 dort bestattet, doch gab es bald heftige Zwiste. 1537 wurde das Kloster – Württemberg war eben evangelisch geworden – aufgelöst, Eberhards Leichnam in die Tübinger Stiftskirche übergeführt. 1580 brannte das Gebäude nach einem Blitzschlag ab, seit 1823 ist es Privatbesitz des Hauses Württemberg.

Die Reformation hatte ihre Vorläufer

Die Waldenser sind eine der vorreformatorischen Glaubensbewegungen, die schon Jahrhunderte vor Martin Luther eine Erneuerung (Reform) der erstarrten Kirche anstrebten. Sie geht zurück auf einen um 1206 gestorbenen Kaufmann Petrus Waldes aus Südfrankreich, von dort breiteten sich seine Gedanken durch ganz Mitteleuropa aus. Diese Waldenser wollten die reich und mächtig gewordene Amtskirche von innen her erneuern und sie zum apostolischen Leben zurückführen.

Ihr Anliegen wurde aber nicht gehört, vielmehr wurden die »Armen Christi«, wie sich die Waldenser selbst nannten, verleumdet, immer grausamer blutig verfolgt und in die unzugänglichen Alpen-Hochtäler im heutigen französisch/italienischen Grenzgebiet abgedrängt. In diesen Rückzugsgebieten konnten ihre letzten Reste – inzwischen hatten sie sich der Reformation Schweizer Prägung angeschlossen – bis zum Ende des 17. Jahrhunderts trotz immer neuer Verfolgungswellen überleben.

Als der Sonnenkönig Ludwig XIV. aber 1685 alle nichtkatholischen Religionen in Frankreich verbot, mussten die Waldenser ihre Heimat verlassen: sie kamen zwischen 1699 und 1701 nach Deutschland, vor allem nach Hessen, Baden-Durlach und Württemberg. Hier wuchsen die reformierten Glaubensflüchtlinge nach und nach in die meist lutherischen Landeskirchen hinein; ihr Dialekt, das Patois, verlor sich, und heute erinnern meist nur noch Name und Anlage der einstigen Neugründungen an ihren südfranzösischen Ursprung.

Die Flüchtlinge kamen in Baden und Württemberg bettelarm in Gebiete, die noch vom 30-jährigen Krieg her schwer gezeichnet waren und von den französischen Raubkriegen besonders heimgesucht wurden. Angesiedelt wurden sie meist in entlegenen, menschenleeren Bereichen an der jeweiligen Landesgrenze; sie hatten am Anfang oft die allergrößten wirtschaftlichen Probleme und zählten mit zu den ärmsten Gemeinden im Land. Häufig mussten sie betteln, ihre neuen Nachbarn standen ihnen auch deshalb fremd und oft ablehnend gegenüber.

Ihre Glaubensausprägung, ihre heimischen Sitten und Gebräuche und ihren heimatlichen Dialekt konnten sie bis zum Beginn des 19. Jahrhunderts im Wesentlichen bewahren. Ihre Bemühungen, in ihrer neuen Heimat den Maulbeerbaum anzupflanzen und eine Seidenzucht zu begründen, blieben erfolglos, doch soll ein Antoine Seignoret, ein aus Piemont stammender und später in Wurmberg-Lucerne lebender Waldenser, im Jahre 1701 die ersten Kartoffeln nach Deutschland gebracht haben.

In 35 Ehejahren 53 Kinder geboren

Barbara Schmotzerin ist bis heute die wohl bekannteste Frau Bönnigheims. Die einfache Bäuerin und Weingärtnersfrau gilt als die kinderreichste Mutter Deutschlands. Es ist nachgewiesen, dass sie in 35 Ehejahren 53 Kinder geboren hat, 38 Buben und 15 Mädchen. Ehen mit über 20 Kindern waren in Deutschland an der Wende zur Neuzeit zwar nicht eben selten, die hohe Zahl der von der Schmotzerin geborenen Kinder hat aber schon zu ihren Lebzeiten Erstaunen ausgelöst. So sandte der damals regierende deutsche Kaiser Maximilian I. einen Herold zu einem persönlichen Augenschein nach Bönnigheim. Außerdem ist ein Brief aus dem Jahr 1509 erhalten, den der Rat der Stadt wegen ihr an den damals in Vaihingen/Enz weilenden Kaiser geschrieben hat. Darin berichten Zeitzeugen von ihr und ihren Geburten. »Wir werden dergleichen Frauen kaum mehr sehen«, heißt es darin.

Barbara Schmotzerin hat zwar einem Notar in Bad Wimpfen ihren Lebensbericht diktiert, dennoch weiß man eigentlich recht wenig von ihr. So sind ihr Geburtsdatum und Geburtsort nicht bekannt. Man weiß, dass sie Bäuerin war und bei ihren Geburten zwischen einem und sieben Kinder zur Welt brachte. Nach ihren eigenen Angaben gebar sie 18-mal Einzelkinder, fünfmal Zwillinge, viermal Drillinge, einmal Sechslinge und ein Mal Siebenlinge. Die letzte Geburt erfolgte im Jahr 1498. 1503 ist sie in Bönnigheim gestorben. Von der Zahl ihrer Schwangerschaften her schätzen Medizinhistoriker, dass die Schmotzerin etwa 50 Jahre alt geworden ist. Auch über das Grab der Vielfach-Mutter ist nichts Genaues bekannt.

Immerhin erinnert ein Tafelbild in der heute evangelischen Cyriakuskirche Bönnigheim an sie. Es wurde 1520 angefertigt. Für eine Frau ihres Standes war es damals eine höchst ungewöhnliche Ehrung, ein Tafelbild in einer Kirche zu erhalten. Darauf ist zu lesen, dass sie »38 eheliche Söhne und 15 Töchter, in einer Summe von 53 von einer Ehe geboren« habe. In allen Landen und Königreichen werde keine solche Frau mehr zu finden sein. Gott habe sie von Bönnigheim auserkoren und er, der von einer Jungfrau geboren wurde, lasse auch der Barbara Schmotzerin Kinder das Himmelreich schauen.

Diesen Trost hat Barbara Schmotzerin wohl brauchen können, denn sie muss in ihrem Leben viel Schweres mitgemacht haben. Von ihren 53 Kindern hat kein einziges die Mutter überlebt: 19 Kinder wurden tot geboren, die anderen starben früh und das älteste Kind erreichte nur ein Alter von acht Jahren. Zwar war damals die Kindersterblichkeit extrem hoch, aber auch hier hält die Schmotzerin einen wohl ungewollten Rekord. – Der Ehemann der Schmotzerin hieß Adam Stratzmann. (Erst im 16. Jahrhundert wurde es üblich, dass die Frau bei der Heirat den Familiennamen ihres Mannes übernahm; bis dahin wurde an den Mädchennamen bei der

Heirat ein »in« angefügt. Barbara Schmotzerin ist also eine geborene Schmotzer). Von ihrem Ehemann ist noch weniger bekannt als von ihr. Das tut ihrer Bekanntheit jedoch keinen Abbruch. Die Bönnigheimer sind stolz auf sie. Das Tafelbild in der Stadtkirche erfreut sich regen Besuchs und bei städtischen Festen sind die Schmotzerin und ihre Kinder regelmäßig ein Motiv im Festzug.

Mit den Wundmalen des Herrn die Reformation mit vorbereitet

Margret Bruch, ein einfaches, frommes Bauernmädchen aus Leidringen, trug an ihrem Körper die Wundmale des Herrn. An jedem Freitag traten sie auf; immer am Karfreitag bluteten sie, eiterten aber nicht und heilten unter großen Schmerzen ab, aber ohne Narben zu hinterlassen. Die Nachricht von der Stigmatisierung der um 1488/89 in Leidringen geborenen Margret Bruch verbreiteten Flugblätter und Chroniken durch das ganze Reich und bis nach Rom. Die von vielen Geistlichen und von Abertausenden von Pilgern bestaunte und bezeugte Stigmatisierung erschütterte die im Glauben angefochtenen Zeitgenossen umso mehr, als diese Leidringer Stigmatisation die erste in Europa nach fast 300 Jahren war: der letzte Stigmatisierte vor Margret Bruch war Franz von Assisi (1182 - 1226) gewesen.

Margret Bruch sorgte ab dem Jahre 1503 für eine der größten religiösen Sensationen in der Zeit unmittelbar vor der Reformation. Leidringen, zuvor ein weltenferner, verkehrsungünstig gelegener Ort, wurde rasch zu einem Zentrum für eine Flut frommer Pilger und blieb es bis zur Reformation. Der Zustrom brachte reiche Opfergaben nach Leidringen. Das ermöglichte es dem Ort, seine alte Chorturmkirche im gotischen Stil zu erweitern und sie mit einem prächtigen Netzgewölbe zu schmücken. Dafür konnte sich die Dorfgemeinde sogar die Dienste des berühmten Straßburger Münsterbaumeisters Hans Hammer leisten.

Margret Bruch ist sehr jung gestorben und offenbar in der Leidringer Kirche bestattet worden – was damals eine ganz ungewöhnliche Ehre war. Bei Ausgrabungen fand man dort einen Frauenschädel, neben dem zwei gut erhaltene, sorgfältig geflochtene, hellblonde Zöpfe lagen. Ihr in der wirren Zeit der Vorreformation von

Zeitgenossen als »endzeitlich« gewertetes Auftreten wurde als Wunder bestaunt, aber auch als Ruf zu Glaubensumkehr, Buße und als Hinweis auf eine nahe Reform der kirchlichen und politischen Ordnung im Reich verstanden. Die Stigmatisierte von Leidringen hat so nach Einschätzung von Historikern viel dazu beigetragen, dass auf dem Kleinen Heuberg die Reformation früh Fuß fassen konnte. Die meisten Geistlichen und ein Großteil der Bevölkerung waren schon lange heimliche Anhänger Luthers, ehe das Herzogtum Württemberg 1534 auch offiziell evangelisch wurde.

Die tüchtigen Reformatoren wurden aus dem Lande gejagt

Schon vor Martin Luther hat es mehrere Anläufe gegeben, die damals von Machtstreben erfüllte und in unwürdige Zwiste verstrickte Kirche mit neuem geistlichem Leben zu erfüllen. Gerade in Württemberg haben unmittelbar vor der Reformation etwa die »Brüder vom Gemeinsamen Leben« einen bemerkenswerten Anlauf unternommen, die Kirche zu erneuern, sie werden deshalb mit Fug und Recht zu den vorreformatorischen Bewegungen gerechnet.

Im Jahrhundert vor Martin Luther wurde immer dringlicher eine durchgreifende Reform von Staat und Kirche gefordert. Unwürdige Päpste, eine an ihrem Reichtum fast erstickte Kirche und ein verwahrloster Klerus konnten die Sinnfragen der durch grundlegende Umbrüche (die Kugelgestalt der Erde wird gefunden, Amerika entdeckt, auf allen Gebieten geraten gesicherte Wahrheiten ins Wanken) geängsteten Menschen nicht mehr glaubwürdig beantworten. Kirchliches Handeln erschöpfte sich weitgehend in Äußerlichkeiten, wie einem ausufernden Reliquienkult, einer geradezu inflationären Heiligenverehrung, Wallfahrten; Dotationen und Votivgaben nahmen zu. Gegen Querdenker ging man mit den damals aufkommenden Hexenverfolgungen vor, außerdem gab es Kreuzzüge gegen unangepasste »Ketzer«. Dennoch konnte die Institution Kirche eine immer mehr zunehmende Kritik und Alternativmodelle nicht dauerhaft unterdrücken. Immer häufiger bildeten sich Bruderschaften, die ein von der Bibel her geführtes Leben wollten und die in gemeinsamem Gebet und karitativer Arbeit verbunden waren. Eine dieser Bruderschaften war die »vom Gemeinsamen Leben«.

Die in den heutigen Niederlanden gegen Ausgang des 14. Jahrhunderts entstandene fromme Bewegung wollte leben wie einst Christus und seine Jünger. Die Männer und Frauen, Theologen und Laien verzichteten daher auf Privatbesitz, erwirtschafteten ihren Lebensunterhalt selbst und lebten ganz bewusst außerhalb der Klostermauern. Mit ihrem vom biblischen Glauben her geprägten Leben fanden sie rasch viele Anhänger, auch, weil eben dies vorteilhaft vom oft unwürdigen Leben der Geistlichkeit und der Mönche abstach. Die Bewegung breitete sich nach Deutschland aus; unter ihren Theologen (Fraterherren) findet man mehrere bedeutende Persönlichkeiten. Einer von ihnen ist Gabriel Biel, der die bereits entstandenen deutschen Brüderhäuser 1471 zu einem eigenen Generalkapitel zusammenführt.

Eben mit Gabriel Biel wurde der württembergische Graf Eberhard im Bart persönlich bekannt. Der bedeutende Landesfürst führte nicht nur 1482 die damals getrennten Landesteile Württembergs wieder zusammen, er gründete 1477 (als Graf!) die Universität Tübingen, und Kaiser Maximilian (der Eberhard zum Herzog machte) rühmte ihn als einen vortrefflichen Landesfürsten, mit dem wenig andere auch nur zu vergleichen seien. Dem nach einem recht ungezügelten Jugendleben wahrhaft fromm gewordenen Eberhard lag auch die Erneuerung der Kirche sehr am Herzen: Er erwirkte vom Papst die Genehmigung, die innerhalb seines Landes gelegenen Klöster reformieren zu dürfen und berief dazu die »Brüder vom Gemeinsamen Leben« ins Land.

Gabriel Biel kam selbst in die damalige Residenzstadt Urach, wurde später Professor in Tübingen und war dort zweimal Rektor. Die »Brüder vom Gemeinsamen Leben« breiteten sich von Urach aus nach Herrenberg (1481), nach Dettingen/Erms (1482) und nach Tachenhausen einem heute abgelegenen Ort bei Nürtingen (1486). Weitere Brüderhäuser gab es in Sindelfingen und Tübingen. Für sie gründete Eberhard neu das Stift Einsiedel im Schönbuch; dort sollten Mitglieder von Adel, Geistlichkeit und Bürgertum in einer geistlichen Gemeinschaft zusammenleben. Propst auch dieses Stiftes wurde Gabriel Biel. Wie sehr Eberhard die Brüder und das Stift Einsiedel schätzte, zeigt sich auch daran, dass er sich dort in der einfachen blauen Mönchskutte der Brüder bestatten ließ.

Für all ihre Arbeit ernteten die »Brüder vom Gemeinsamen Leben« nur schnöden Undank: Sie wurden 1517 aus dem Lande gewiesen. Ihr vom Glauben her geprägter Lebenswandel und ihre Seelsorge waren unverändert beispielhaft und sie hatten damit ein gutes Stück der Reformation Martin Luthers vorweggenommen. Nachdem ihr bedeutender Förderer, der zum Herzog erhobene Graf Eberhard, gestorben war, fehlte ihnen aber eine wichtige Stütze.

Der neue Herzog Ulrich war ihnen nicht annähernd so verbunden wie sein Vorgänger und er griff gern einen Vorschlag der missgünstigen Landstände auf, die Fraterherren »abzuschaffen« und ihr Vermögen zur Finanzierung seiner kostspieligen Hofhaltung zu verwenden. Vom Papst erwirkte er 1516 die Genehmigung, die Bruderschaft aufzulösen. Er behauptete, deren neue, fremde und ungewohnte Lebensweise hätten in Württemberg »gewaltigen Schaden« verursacht. Kein Wort davon war zutreffend, der Papst willfahrte aber dem Herzog, und die Brüder mussten gehen und das Land verlassen.

Gabriel Biel wollte die Kirche erneuern

Die Reformation ist nicht von heute auf morgen gekommen; sie hat ihre Geschichte und ihre Vorgeschichten. Zu ihnen gehören die heute fast vergessenen »Brüder vom Gemeinsamen Leben« , eine vorreformatorische, nichtmönchische Erneuerungsbewegung der Kirche, die gerade in Altwürttemberg bleibende Spuren hinterlassen hat. Das ist ihrem Leiter Gabriel Biel zu danken, der am 7. Dezember 1495 in Einsiedel bei Tübingen gestorben ist. Der bedeutende vorreformatorische Theologe und mehrfache Rektor der Universität Tübingen hat mit seinem scholastischen Werk Martin Luther stark beeinflusst. Durch ihn wurde die damalige Grafschaft Württemberg ein Zentrum der »Brüder vom gemeinsamen Leben«.

Gabriel Biel wurde um 1410 in der Gegend von Speyer geboren. Er studierte lange und intensiv und legte erst mit 50 Jahren seine letzte theologische Prüfung ab. Von 1457 bis 1465 hatte er das hohe Amt des Mainzer Dompredigers inne. Enttäuscht von der moralischen Fruchtlosigkeit seiner Arbeit wandte er sich 1463 den »Brüdern vom Gemeinsamen Leben« zu, einer im 14. Jahrhundert in den Niederlanden entstandenen Kirchenreformbewegung. Ihre Mitglieder waren auf der Suche nach zeitgemäßen Formen einer gelebten Frömmigkeit, die Glauben und Denken, Wort und Tat verband. Sie wurden rasch stark beachtet, auch weil die römische Amtskirche damals von unwürdigen Päpsten geleitet wurde und ein verwahrloster und weitgehend sittenloser Klerus die Sinnfragen der Zeit nicht befriedigend beantworten konnte. Kirchliches Handeln erschöpfte sich weitgehend in Äußerlichkeiten, wie etwa einem ausufernden Reliquienkult, einer geradezu inflationären Heiligenverehrung und Wallfahrten.

Bei den »Brüdern vom Gemeinsamen Leben« taten sich gläubige

Männer in Lebensgemeinschaften zusammen. In ihren Bruderhäusern lebten und arbeiteten sie unter einem Dach zusammen, teilten nach urchristlichem Beispiel Einkommen und Besitz, lebten keusch und einfach. Im Gegensatz zu den Mönchen bestritten sie ihren Lebensunterhalt von ihrer Hände Arbeit. Biel war fasziniert vom Leben der Brüder. Er trat in ein Bruderhaus ein, bereits 1468 war er Brüderpropst in Butzbach/Hessen. Dort gewann er in dem württembergischen Grafen Eberhard im Bart einen einflussreichen Freund und Gönner. Der Graf holte Biel und weitere Brüder in seine Residenzstadt Urach, weil er sich von ihnen eine Erneuerung des kirchlichen und geistigen Lebens versprach . 1477 eröffnete Biel denn auch in Urach das erste Bruderhaus, kurz darauf übernahm er als Propst dort die Leitung.

Die Brüder, wegen auffälliger grauschwarzer Kapuzenmäntel im Volk die »Kappenbrüder« oder »Kappenherren« genannt, betreuten den Aufbau der Amanduskirche, hielten Gottesdienste, kümmerten sich um das Spital und den Schulunterricht. Bald entstandenn weitere Bruderhäuser in Württemberg, von denen aus die »Kappenherren« in ihrem Sinne kirchenreformerisch wirkten. Biel entwickelte sich – unterstützt von Graf Eberhard – zur treibenden Kraft, um die Brüder im südwestlichen Deutschland zu verbreiten und sie in Württemberg heimisch zu machen.

1484 wurde er auf Betreiben von Graf Eberhard an die junge Universität Tübingen berufen. Sie leitete er als Rektor in den Jahren 1487 und 1489. Als Theologe hielt er stark beachtete Vorlesungen. Ein Kommentar zur Liturgie der Messe erschien schon 1488 in Reutlingen, als zweites Hauptwerk erschien – allerdings erst nach seinem Tod – ein Handbuch der Dogmatik. Beide Bücher sind weit verbreitet; sie haben in Wittenberg den jungen Martin Luther stark beeinflusst.

Hochbetagt übernahm Biel 1492 im nahen Einsiedel eine neue Aufgabe. Dort wurde er Gründungspropst eines Bruderhauses besonderer Art. Im Jagdschloss des zwischenzeitlich zum ersten württembergischen Herzog aufgestiegenen Eberhard im Bart lebten je zwölf Angehörige von Geistlichkeit, Adel und Bürgertum über die Grenzen von Stand und Rang zusammen; sie sollten so ein Beispiel einer wahren, alle Stände umfassenden christlichen Bruderschaft geben. Noch drei Jahre war Biel hier tätig, dann, am 7. Dezember 1495, nahm ihm der Tod die Feder aus der Hand, als er noch an den letzten Seiten seines mehrbändigen Lebenswerkes, dem »Collectorium« schrieb.

Auf Einsiedel fand Biel sein Grab. Zwei Monate nach seinem Tod wurde neben ihm – ebenfalls in die blaue Kutte der Kappenherren eingehüllt – Herzog Eberhard bestattet. Dessen Gebeine wurden 1537 ins nahe Tübingen übergeführt, Biels Grab ist nicht erhalten. Dennoch erinnert man sich zunehmend an den lange Vergessenen: Die Evangelisch-Theologische Fakultät Tübingen hat unlängst sein dogmatisches Hauptwerk neu editiert und im Stift Urach erinnert ein Raum mit seinem Namen an den vor über 500 Jahren Verstorbenen.

Für seinen Glauben zugrunde gegangen

Seit 1739 hat Täbingen auf dem Kleinen Heuberg – einst selbständig und jetzt ein Stadtteil von Rosenfeld – seinen eigenen Pfarrer. Das 250. Pfarrei-Jubiläum feierte die Gemeinde 1989 mit Festveranstaltungen in ihrer nach fünfjährigen Renovierungsarbeiten grundlegend erneuerten »Karsthans«-Kirche. Alle Jubiläumsveranstaltungen standen unter dem Motto »Gottes Wort geht mir über alles.«

Dieses Motto und der Name der Kirche erinnern an den als »Karsthans« bekannt gewordenen Reformator und Märtyrer Dr. Johann Murer. Der wohl um 1480 geborene Arzt aus Freiburg im Breisgau – ein hochgelehrter und weit gereister Mann – kam 1521 über eifrigem Studium der Bibel und der Schriften Martin Luthers zum evangelischen Glauben, gab »um Christi willen« seine angesehene und gesicherte Existenz auf und zog predigend und für die Reformation werbend in bäuerlicher Kleidung unter dem Namen »Karsthans« – damals ein Spott- und Neckname der Bauern – durch den west- und süddeutschen Sprachraum: Aufenthalte von ihm sind in Straßburg und Basel, in Zürich und Horb, in Freiburg und Schlettstadt bezeugt. Er war ein äußerst wirksamer Missionar des evangelischen Glaubens; seine Leitworte waren: »Gottes Wort geht mir über alles« und »Lieber will ich sterben, als Gottes Wort nicht verkündigen«.

1523 kam er von Horb aus – wo er erster Reformationszeuge war – auf den Kleinen Heuberg. Durch sein Wirken bildete sich 1523 in Täbingen eine erste heimlich-evangelische Gemeinde auf der Zollernalb. Bauern aus Täbingen unterstützten 1525 den vertriebenen, zwischenzeitlich evangelisch gewordenen Herzog Ulrich bei einem seiner Versuche, sein angestammtes Land wieder zu erobern; das trug dem weltabgelegenen Ort später das »Interdikt (Ausschluss aus der kirchlichen Gemeinschaft)« ein. Erst die siegreiche Rückkehr Ulrichs im Jahr 1534 brachte Täbingen das endgültige Recht, evangelisch zu bleiben.

Der Karsthans war von Täbingen Anfang März 1523 nach Balingen weitergezogen. Dort verhafteten ihn habsburgisch-katholische Beamte, als er vor der Stadtkirche zu einer großen Menschenmenge predigte. Am 4. März 1523 wurde er nach Tübingen übergeführt und dort schwerer Folter unterworfen. Im Bauernkrieg des Jahres 1525 stand sein Name mit auf einer Liste von Leidensgefährten, die befreit werden sollten. Diese Hoffnung erstarb aber mit der Niederlage der Bauern. Das letzte Gefängnis des Karsthans war das Turmverlies von Burg Reicheneck bei Backnang; dort ist er irgendwann in Ketten elend zugrunde gegangen.

Die Kirche fand keine Antwort auf die Fragen der Menschen

Gegen die am Vorabend der Reformation aufbrechenden neuen Fragen und die unbequemen Frager ging die Kirche – und auf ihr Geheiß dann die weltliche Obrigkeit – zunehmend rigide vor. Der nicht zufällig im späten 15. Jahrhundert aufkommende Hexenwahn lieferte die Mittel, um unangepasste Menschen rasch zu beseitigen. Er stützte sich auf die Hexenbulle des Papstes Innozenz VIII. aus dem Jahre 1484 und den 1489 von den Kölner Dominikanermönchen Institutoris und Sprenger verfassten »Hexenhammer«, einer Ordnung für rasche und zügige Hexenprozesse, die dem einmal Angeklagten kaum eine Möglichkeit für einen Freispruch ließen.

Die Hexenprozesse wüteten – mit unterschiedlicher Intensität – bis ins 18. Jahrhundert. Die Schätzungen über Opferzahlen gehen extrem weit auseinander und reichen bis hinauf zu einer Million. Tatsache ist, dass einige Gebiete, vor allem solche mit einer geistlichen Herrschaft, nahezu entvölkert wurden und das »Brennen« von Hexen in vielen Gegenden fast zum Alltag gehörte.

Ab etwa 1300 beschäftigten sich christliche Theologen in ganz Europa vor dem Hintergrund des unterschwellig vorhandenen Volksglaubens an finstere Mächte immer mehr mit Dämonen und Hexen. Die nach und nach entstehende Hexendoktrin half der durch verheerende Pestwellen, häufige Kriege und die beständige Türkenbedrohung vielfach geängstigten Bevölkerung, ihr kollektives Bedrohtheitsgefühl zu deuten und zu überwinden. Zugleich rechtfertigte sie das immer entschiedenere Vorgehen gegen die als Feinde des Christentums interpretierten Minderheiten wie Hexen, Dämonen und Juden. Gerade für den mittelalterlichen Staat, der sich als bewusst christlich verstand, war der Kampf gegen Gottes- und Christenfeinde eine selbstverständliche Verpflichtung, und gerade in geistlichen Territorien und Bischofsstädten – etwa in Bamberg, Kempten, Würzburg oder Salzburg – ging man besonders unbarmherzig gegen Hexen vor.

Mit Hexenprozessen gegen neues Denken

Hexenprozesse gab es fast überall im Bereich katholischer und später evangelischer Kirchen – also auch in den heutigen USA. Dagegen sind aus dem Bereich der orthodoxen Kirche keine Hexenverfolgungen bekannt, erging die sie begründende päpstliche Bulle doch lange nach der Kirchenspaltung des Jahres 1054. Als Hexen verdächtigt werden konnten Männer und Frauen, aber auch Kinder. So sind schon Vierjährige als Hexen verbrannt worden, und bei Hexenprozessen rückten Kinder immer mehr ins Visier. Kamen sie bei der ersten Verfolgungswelle in Deutschland zwischen 1587 bis 1591 allenfalls noch am Rande vor, so endeten bei der zweiten Welle in den Jahren 1627 und 1628 allein in der Bischofsstadt Würzburg über 20 Kinder unter zehn Jahren auf dem Scheiterhaufen. Bei der dritten Hexenverfolgung im späten 17. Jahrhundert waren in den Jahren 1675 bis 1681 in Salzburg über ein Drittel der 133 zum Tode Verurteilten unter 15 Jahren alt.

Auch im entschieden evangelisch geprägten Altwürttemberg hat es Prozesse gegen so genannte Kinderhexen gegeben. Ihren Höhepunkt erreichten sie zwischen 1660 und 1679. Im Stuttgarter Hauptstaatsarchiv sind aus dem 17. Jahrhundert 192 Verfahren wegen Hexenbeschuldigung registriert. Die Auswertung dieser »Malefizakten« ergab, daß bei 32 von ihnen zusammen 39 Kinder zwischen 4 und 17 Jahren im Mittelpunkt standen.

Das damalige Herzogtum Württemberg wurde erst 1534 evangelisch, es entwickelte sich dann aber rasch zu einem Hort der reinen protestantischen Lehre. Zu ihrer Verteidigung setzten weltliche und kirchliche Obrigkeit alle Machtmittel ein. So wurden die Strafgesetze gegen Zauberei zunehmend verschärft, und die Theologen

Württembergs verfochten entschieden die Todesstrafe für Hexen. Ab 1589 wurden Hexenprozesse immer häufiger und im Jahre 1616, am Vorabend des 30jährigen Krieges, erreichten die Hexenjagden einen ersten Höhepunkt mit häufigen Verbrennungen, besonders in Dornstetten, Sindelfingen, Leonberg und Vaihingen.

Michael Sattler wurde grausam getötet

Dem Todeskandidaten wurde auf dem Marktplatz in Rottenburg die Zunge abgeschnitten, dann wurde er noch auf dem Marktplatz auf einen Wagen geschmiedet, später vor dem Stadttor erneut mehrfach mit glühenden Zangen »in den Leib gebissen« und schließlich verbrannt. Mit dieser ausgesucht grausamen Hinrichtung am 20. Mai 1527 endete der »Wiedertäufer« Michael Sattler sein etwa 35-jähriges Leben. Der führende Kopf der radikalpazifistischen »Schwärmer« in Oberdeutschland wurde kurz zuvor in Horb verhaftet, wo er eine etwa 35 Familien umfassende Wiedertäufer-Gemeinde um sich geschart hatte. Er wurde am 17. Mai 1527 in Rottenburg »als Erzketzer« zum Tode verurteilt. Nach ihm wurden mehrere Männer verbrannt, ihre Frauen tags darauf im Neckar ertränkt.

Der – vermutlich 1490 – in Staufen/Breisgau geborene Michael Sattler war erst Benediktinermönch und Prior des Klosters St. Märgen. Im Bauernkrieg 1525 kam er in Kontakt zu radikalpazifistischen »Täufern« Oberdeutschlands und der nahen Schweiz. Er verließ das Kloster und wurde rasch zum führenden Kopf dieser kirchenreformerischen Bewegung. Bereits 1525 wurde er als »Wiedertäufer« aus Zürich ausgewiesen.

Am 24. Februar 1527 war er bei einer geheimen Zusammenkunft süddeutscher Täufer in einem nicht genau feststehenden Ort in der Nähe von Singen/Hohentwiel dabei. Ihr legte er eine sieben Artikel umfassende Bekenntnisschrift »Brüderliche Vereinigung« vor, die nur Erwachsenentaufe (»Bekehrungstaufe«) anerkennt und eine »Gemeinde der Reinen« mit strenger Gemeindezucht fordert, Eid und Kriegsdienst ebenso radikal ablehnt wie jegliche Gemeinschaft mit »der Welt«. Noch im gleichen Jahr wurde Sattler an die Täufergemeinde nach Horb verwiesen, dort verhaftet, in Binsdorf inhaftiert, gefoltert und in Rottenburg von einem Gericht unter Vorsitz des österreichischen Statthalters Graf Joachim von Zollern zum Tode verurteilt und hingerichtet.

Die katholische Obrigkeit der zum Hause Habsburg gehörenden »Reichsgrafschaft Hohenberg« wehrte sich damals gegen alle neuen Einflüsse. Der Bauernkrieg war soeben blutig niedergeschlagen, die Reformation fand immer neue Anhänger, die Wiedertäufer gewannen an Stärke und Stoßkraft und die Zahl ihrer Anhänger nahm so zu, dass man zeitweise – auch auf evangelischer Seite – das Aufkommen einer dritten christlichen Konfession (neben katholisch und evangelisch) befürchtete. Darum wurden die Wiedertäufer besonders erbittert verfolgt und das Gericht, das Sattler aburteilte, war denn auch mit hochrangigen Vertretern des Fürstentums besetzt.

Das schlug sich in der Art der Verhandlung und Urteilsfindung aber nicht nieder. Das Urteil stand schon im Voraus fest. Nur Sattler selbst glaubte wohl ernsthaft, er könne mit seinen Argumenten das ihm feindlich gesonnene Gericht überzeugen. An sein lange wenig beachtetes Leben und Wirken erinnert in der evangelischen Kirche Rottenburgs eine Gedenktafel; sie wurde vom Mennonitischen Weltkongress gestiftet, der Sattler zu seinen geistig-geistlichen Vorläufern rechnet.

Genau 470 Jahre nach seiner ausgesucht grausamen Hinrichtung ist dem Glaubensmärtyrer im Mai 1997 am Ort seines Todes ein Denkmal gesetzt worden. Auf dem Rottenburger Galgenbuckel, im Mittelalter die Hinrichtungsstätte der Stadt, erinnert seitdem ein Granit-Gedenkstein an Sattler. Im Text auf dem Stein heißt es, dass er ein »aufrechter Zeuge Jesu Christi« gewesen sei.

Die Reformation hat die Welt in Brand gesetzt

Die Reformation Martin Luthers hat die Welt verändert. Der Reformator war anfangs ein Theologe, der sich nach eigener Einschätzung von niemandem an Treue und Gehorsam gegenüber dem römischen Papst überbieten ließ. Mit seinen am 31. Oktober 1517 veröffentlichten 95 Thesen wollte der fromme Augustinermönch auch nur zum wissenschaftlichen Disput über das von ihm als Ärgernis empfundene Ablass-Unwesen einladen, tatsächlich hat er damit aber ungewollt die Reformation eingeleitet und »ohne Willen und Absicht die Welt in Brand gesetzt« (so Luther selbst in einem seiner 1545 geführten Tischgespräche).

Seine Thesen und die auf sie folgenden Luther-Schriften rüttelten an den Grundfesten der mittelalterlichen Welt, die damals nur scheinbar fest gefügt erschien; sie wirkten deshalb wie eine Initialzündung, die den Lauf der Geschichte verändert und tiefgreifende Umbrüche in nahezu allen Bereichen des menschlichen Lebens und Wissens eingeleitet hat.

Jahrhunderte alte, nur scheinbar gesicherte Überzeugungen wurden so umgestoßen, das einfache Volk fand keine Antworten auf die ihm unfasslichen Umbrüche und verharrte schließlich in der Erwartung, es lebe in der Endzeit.

Die Erfindung des Buchdrucks verbreitete Neuigkeiten, aber auch Streitschriften und Pamphlete; erstmals entstand eine öffentliche Meinung, und die Botschaft von zuvor lokal begrenzten Auseinandersetzungen – wie Luthers Streitschriften oder später der Bauernkrieg – konnte sich dank des neuen Mediums rasch ausbreiten. Zugleich knüpften Renaissance und Humanismus an das lange vergessene oder auf einen nur kleinen Gelehrtenkreis beschränkte

Wissen der Antike an. All dies ging einher mit einer Krise der Kirche: Unwürdige Päpste nutzten das höchste Amt der damaligen Zeit zur schamlosen Bereicherung und zur Günstlingswirtschaft; zahlreiche Kirchenfürsten fielen durch Machtstreben, Geldgier, ausschweifenden und sittenlosen Lebenswandel auf; der niedere Klerus war überwiegend ungebildet und verwahrlost. Insgesamt fand die Kirche damals trotz eines ausufernden Reliquienkultes mit Wallfahrten und Heiligenverehrung keine Antworten auf die Fragen und Herausforderungen der bewegten Umbruchzeit.

Die Welt war in der Krise

Im damaligen »Heiligen Römischen Reich Deutscher Nation« gab es noch weitere tiefgreifende Veränderungen. Das Kaisertum war in eine tiefe Krise geraten, weil die aufstrebenden Territorialfürsten ihre Macht auf Kosten des Kaisers immer weiter ausbauten. Die hierarchisch gegliederte frühneuzeitliche Ständegesellschaft wies den Bauern – in der Landwirtschaft lebten und arbeiteten damals rund 90 Prozent der Bevölkerung – den untersten Platz im sozialen Gefüge zu und belastete sie immer mehr mit Abgaben, Frondiensten und einer zunehmend drückender werdenden Leibeigenschaft, die in immer weitere Bereiche auch des Privatlebens eingriff. Das neu eingeführte römische Recht belastete wiederum die Bauern, es begünstigte zugleich die Kaufleute. Damals entstanden die ersten Banken und Monopolgesellschaften.

Die allgemeine Lebenserwartung war kurz: Ein 40jähriger galt als alter Mann. Pestwellen, stetige Kriege im Landesinnern, die stetige Türkengefahr bedrohten das Leben. All dies ließ den Ruf sowohl nach einer umfassenden Reichsreform wie auch nach einer Reform der Kirche an Haupt und Gliedern immer dringlicher werden.

Luthers Schriften – vor allem seine 95 Thesen und die ab 1520 verfassten Reformationsschriften – die dank des neu erfundenen Buchdrucks rasch überall hin verbreitet wurden, nahmen diese

Reformverlangen auf, auch, weil jeder in ihnen das fand, was er suchte: die Bauern etwa die Freiheit von Leibeigenschaft und Bedrückung, die Humanisten Schützenhilfe gegen den von ihnen befehdeten Papst. Ohne dass Luther es wollte, wurde aus seiner Einladung zum theologischen Disput ein Flächenbrand, der mit rasender Geschwindigkeit durch das Land lief. Sie bewirkte sowohl einen Aufbruch des biblischen Glaubens, wurde aber auch – wiederum gegen den Willen Luthers – zum Ausgangspunkt einer Glaubensspaltung, die Europa jahrhundertelang erschüttert und den Lauf der Geschichte verändert hat.

Reutlingen wurde zum Vorkämpfer des Evangeliums

Bürger und Rat der »Freien Reichsstadt Reutlingen« schworen im Mai 1524, »beim Gotteswort zu bleiben und das zu handhaben«. Dieser »Reutlinger Markteid« hat für die Geschichte der Reformation im deutschen Südwesten eine besondere Bedeutung; floss doch aus der dann entschieden evangelischen Reichsstadt viel Wissen um die evangelische Sache in das damals habsburgisch besetzte Herzogtum Württemberg hinein. Der Reichsstadt Reutlingen ist so unfreiwillig für das lange ungeliebte Württemberg eine wegweisende Bedeutung zugekommen. Der Reutlinger »Schwörsonntag« ist jetzt wieder neu belebt worden; so wie in Ulm der »Schwörmontag« gefeiert wird, so erinnert Reutlingen wieder an seinen »Schwörsonntag«.

In Reutlingen hatte der seit etwa 1521 als städtischer Prediger wirkende Matthäus Alber, der einer alteingesessenen Reichsstadt-Familie entstammte, schon früh lutherisch gepredigt und damit viel Anklang bei der Bürgerschaft gefunden. Dazu muss man auch wissen, dass sich die selbstbewussten Reichstädter geistlich schlecht versorgt fühlten: der Abt von Königsbronn, dem das Recht der Pfarrerbesetzung zukam, sandte oft in jeder Beziehung billige Prediger nach Reutlingen. Auch deshalb fand der begabte Alber in seiner Heimatstadt solchen Anklang. Der für Reutlingen zuständige Bischof von Konstanz versuchte, das Wirken Albers zu unterdrücken und in Tübingen wurde ein Verfahren gegen ihn eröffnet. Dies führte zu wachsender Unruhe in der selbstbewussten Bürgerschaft der Reichsstadt.

Am Abend eines heute nicht mehr genau feststellbaren Tages sollten die mächtigen Zünfte über den Stand der Angelegenheit unterrichtet werden. Ein eben an diesem Abend ausgebrochenes Feuer in der Stadt führte aber dazu, dass sich alle Zunftmitglieder auf dem Marktplatz versammelten und nicht mehr auseinander gingen, bis »Bürgermeister, Rat und Gemeinde all zusammen schwören..., beim Gotteswort zu bleiben und das zu handhaben« .

Mit diesem rasch legendär gewordenen »Markteid« verpflichtete sich der Rat, das Evangelium und den Reformationsprediger Alber zu schützen. Damit war der Weg frei für die Kirchenreform in Reutlingen: Am 14. August 1524 feierte Matthäus Alber erstmals die Messe in deutscher Sprache und reichte beim Abendmahl die Elemente Brot und Wein auch den Laien. 1530 unterzeichnete Reutlingen als einzige süddeutsche Reichsstadt neben Nürnberg das »Augsburger Glaubensbekenntnis«.

Für Reutlingen hatte die Unterzeichnung des »Augsburger Bekenntnisses« zur Folge, dass der Gottesdienst in der schlichten oberdeutschen Form gehalten wurde, die später auch im Bereich des Herzogtums Württemberg eingeführt wurde. Noch bis in die Zeit nach dem Zweiten Weltkrieg brannten deshalb auf dem Altar der Reutlinger Marienkirche bei Gottesdiensten keine Kerzen.

Schon vor 1534 wurde in Stuttgart evangelisch gepredigt

Die Residenzstadt Stuttgart ging dem Lande bei der Reformation mit gutem Beispiel voran. Hier wurde die erste evangelische Predigt schon lange vor dem 16. Mai 1534 gehalten, dem Tag der offiziellen Einführung der Reformation im Herzogtum Württemberg. Bereits Anfang der zwanziger Jahre jenes Jahrhunderts war nämlich der reformatorisch gesinnte Augustinermönch Johann Mantel Prediger an der Leonhardskirche. Er hatte 1518 von Straßburg aus von Martin Luthers Thesen bei der Heidelberger Disputation erfahren und war so für die Sache der Reformation gewonnen worden. Als der Theologe 1520 die Predigerstelle an der Stuttgarter Leonhardskirche übernahm, predigte er dort im reformatorischen Sinne.

Aktennotizen belegen, dass Mantels Predigten gegen die Heiligenverehrung und über den »allein gerecht machenden« Glauben großen Anklang bei der Stuttgarter Bevölkerung fanden. Als 1521 ein kaiserliches Edikt die Verbreitung der Lehre Luthers untersagte, wurde Mantel verwarnt und schließlich auf der Burg Hohennagold eingesperrt, während des Bauernkriegs aber von den Aufständischen befreit.

Die evangelische Bewegung ging in Stuttgart, im Unterschied zu anderen Städten, auch nach dem Bauernkrieg 1525 weiter. So werden in mehreren Akten Störungen von Messen erwähnt. Außerdem gingen Schriften Luthers von Hand zu Hand. Luther und die Reformation waren das Gesprächsthema auf dem Markt und in Handwerkerstuben. Als der Kaiser die Reformation im Jahre 1548 mit dem »Interim« wieder eindämmen wollte, zeigte die Stuttgarter Bevölkerung wenig Interesse an der Rückkehr zur alten Ordnung. So musste etwa der für die Stiftskirche wieder angeordnete Messgottesdienst bald eingestellt werden, einfach, weil niemand kam.

Der »Luther Schwabens« stammt aus Reutlingen

Die damalige Reichsstadt Reutlingen ist schon 1524 – zehn Jahre vor dem Herzogtum Württemberg – für die Sache der Reformation gewonnen worden. Das ist Matthäus Alber zuzuschreiben, der seine Vaterstadt schon früh für den neuen Glauben gewonnen hat. Der am 4. Dezember 1495 geborene Sohn eines reichen Goldschmiedes aus einem angesehenen Handwerkergeschlecht der Stadt durchlitt eine entbehrungsreiche Jugend in der Fremde, weil seine Eltern beim Reutlinger Stadtbrand völlig verarmten und der Vater kurz darauf starb. Der begabte junge Mann brachte es deshalb zunächst nur zum Provisor (Hilfslehrer) an der Reutlinger Lateinschule Ab 1513 studierte er an der Universität Tübingen, später – dank eines Stipendiums seiner Heimatstadt – in Freiburg. 1521 wurde Alber, der alle akademischen Grade bis zur Vorstufe eines Theologieprofessors erlangt hatte, auf eine soeben vom Rat der Stadt Reutlingen gestiftete Prädikantenpfründe (Predigtstelle) an der Marienkirche berufen. Hier begann er, Gottesdienst, Schule, Lebensordnungen, kirchliches und politisches Gemeinwesen im Sinne Martin Luthers zu verändern: Beim Theologiestudium in Tübingen war er mit Philipp Melanchthon persönlich bekannt geworden und über dem Lesen der Bibel für die Sache der Reformation gewonnen worden.

Albers Wirken führte zu einem reformatorischen Aufbruch der Bürgerschaft, der am 14. August 1524 darin gipfelte, dass in der Marienkirche die deutsche Messe eingeführt und das Abendmahl in beiderlei Gestalt ausgeteilt wurde. Das führte zu heftigen Auseinandersetzungen mit dem Bischof von Konstanz und der vorderösterreichischen Herrschaft in Stuttgart. Rat und Bürgerschaft scharten sich aber um den »Luther Schwabens« und schworen im berühmt gewordenen »Reutlinger Markteid« im Mai 1524, beim Evangelium zu bleiben. Alber wirkte 27 Jahre in Reutlingen; er wurde weit über die Stadt hinaus bekannt und stand im Briefwechsel mit führenden Geistern seiner Zeit, allen voran Luther und Zwingli. Ihm ist es vor allem zuzuschreiben, dass Reutlingen 1530 als einzige Reichsstadt neben dem weit bedeutenderen Nürnberg die Bekenntnisschrift »Confessio Augustana« unterzeichnete.

Die Reichsstadt riskierte damit ihre Existenz, denn die Unterzeichnung des Augsburger Bekenntnisses durch Vertreter der Freien Reichsstadt Reutlingen war ein ungemein mutiger Schritt. Reutlingen war eine evangelische Exklave in katholischer Umgebung. Das damalige Herzogtum Württemberg befand sich wegen der Verbannung von Herzog Ulrich unter habsburgisch-katholischer Verwaltung. Reutlingen war neben Nürnberg – und Nürnberg war damals Weltstadt! – die einzige Reichsstadt, die die Bekenntnisschrift durch ihre Unterschrift mittrug und der Reformator Martin Luther erkundigte sich hinterher ausdrücklich danach, was denn Reutlingen für ein starkes Heer und für treffliche Befestigungen habe, dass die Stadt es wagen könne, sich so mutig zum Evangelium zu bekennen.

Nach dem von den Protestanten verlorenen Schmalkaldischen Krieg von 1546 musste Alber, der seit 1530 geächtet und damit vogelfrei war, seine Heimat verlassen. Der württembergische Herzog Ulrich berief ihn an die Stuttgarter Stiftskirche, dort war er zweiter Mann neben Johannes Brenz, dem Reformator Württembergs. Über ein Jahrzehnt gehörte er als Prälat zur Kirchenleitung. 1563 wurde der 68-Jährige nach Blaubeuren berufen: dort war er erster evangelischer Abt des reformierten Klosters und leitete die neu errichtete Klosterschule. Am 1. Dezember 1570 ist er kurz vor seinem 75. Geburtstag gestorben; sein Grab in der Stadtkirche Blaubeuren ist erhalten.

Der neue Glaube hatte oft einen schweren Start

Die »verdammte lutherische Lehre (die) frevelhaft und unverschämt«, wegen Matthäus Alber von der Prädikanten-Kanzel in der Reichsstadt Reutlingen zu hören war, klang dem in Stuttgart residierenden Statthalter Habsburgs immer misstönender in den Ohren. Wiederholt forderte er 1523 den Rat der Stadt auf, doch solche Predigten zu verbieten und drohte mit einem Handelsboykott, der die Stadt wirtschaftlich schwer getroffen hätte.

Hall, ebenfalls Reichsstadt, hatte es 1548 mit Plünderung und Strafgeldern zu büßen, dass es dem Reformator Johannes Brenz die Flucht ermöglicht hatte. Heilbronn musste 1546 die horrende Summe von 20.000 Gulden aufbringen und spanische Besatzung dulden, weil sich die Stadt im Schmalkaldischen Krieg engagiert hatte. Das Bekenntnis hin zum neuen Glauben konnte für Reichsstädte fatale Folgen haben; die Reformatoren brachte es häufig in Gefahr für Leib und Leben. Alber kam in Acht und Bann; Brenz, der am Kaiserhof der bestgehasste Mann war, lebte zeitweise in akuter Lebensgefahr und unter falschem Namen; Martin Frecht, einer der Reformatoren Ulms, wurde während des Interims in Ketten gelegt.

Diese Beispiele zeigen, dass es der neue Glaube am Anfang nicht leicht hatte. Reichsstädte waren zwar meist Zentren des reformatorischen Aufbruchs, sie setzten damit aber oft auch ihre Existenz aufs Spiel: Konstanz etwa wurde gewaltsam rekatholisiert und auf den niedrigen Status einer österreichischen Landstadt herabgedrückt. Rottweil hätte bei einer Entscheidung für die Reformation das einflussreiche kaiserliche Hofgericht verloren; es blieb deshalb schließlich doch beim alten Glauben und rund 100 Familien mussten die Stadt verlassen. Im kleinen Weil der Stadt, dem Geburtsort des württembergischen Reformators Johannes Brenz, konnten sich die Evangelischen dann doch nicht durchsetzen; die letzten von ihnen wurden im 30jährigen Krieg verdrängt.

Im Herzogtum Württemberg führte Herzog Ulrich die Reformation ein. Er hatte während seines 15-jährigen Exils zum evangelischen Glauben gefunden. 1534 gelang es ihm, sein angestammtes Land zurück zu erobern. Sofort danach nahm er die entscheidenden Weichenstellungen hin zum neuen Bekenntnis vor; das Land wurde durchgreifend im Sinne der Reformation umgestaltet. An der umfassenden Gesetzgebung dazu waren die Reformatoren beteiligt.

Die Entscheidungen im Lande waren für den gesamten Fortgang der Reformation wichtig, denn mit Württemberg wurde der wichtige oberdeutsche Raum für Wittenberg gewonnen. Unter dem bedeutenden Herzog Christoph, dem Sohn Ulrichs, wurde der Neuaufbau des Herzogtums und seiner Kirche abgeschlossen. In seiner Regierungszeit erschienen die neu gefassten Kirchenordnungen und der Brenz'sche Katechismus. Das kleine abgelegene Württemberg war einer der wichtigsten reformatorischen Reichsstände geworden.

Der Bauernkrieg veränderte die Reformation

Die Entscheidung im Bauernkrieg fiel am Freitag, dem 12. Mai 1525, zwischen Böblingen und Sindelfingen. Das durch Zuzüge aus dem Schwarzwald, dem Hegau und aus dem Unterland verstärkte Heer der Bauern zählte zwar rund 15.000 Mann. Die militärisch ungeschulten, schlecht bewaffneten, miserabel geführten und unter sich uneinigen Bauern wurden aber von dem nur halb so starken Heer des Truchsessen von Waldburg in wenigen Stunden vernichtend geschlagen. Bis zu 8.000 Bauern sollen getötet worden sein, auf der Gegenseite gab es weniger als 50 Tote. Mit dieser Niederlage war die Kraft der aufständischen Bauern endgültig gebrochen, auch wenn sich bewaffnete Auseinandersetzungen noch bis in den April 1526 hinzogen. Der größte Aufstand in der deutschen Geschichte hat schätzungsweise etwa 100.000 Bauern das Leben gekostet.

Er brach in einer Zeit allgemeiner Unruhen, Umbrüche und immer neuen Rufe nach Reformen aus. Durch umwälzende Erfindungen (Kompass, Buchdruck) und Entdeckungen (Kugelgestalt der Erde, heliozentrisches Sonnensystem, Seeweg nach Indien, Entdeckung Amerikas) war das vertraute, Jahrhunderte alte Weltbild zerbrochen. Seit der Mitte des 15. Jahrhunderts immer dringlicher erhobene Forderungen (»Gravamina«) nach durchgreifenden Reformen in Kirche und Staat waren ungehört verhallt und hatten zu allgemeiner Unzufriedenheit und Erbitterung, besonders gegenüber dem Reichtum der Kirche, dem hohen Klerus, der theologischen Bevormundung der Laien und der Rechtsprechung und Profitgier der Päpste geführt.

Der große Bauernkrieg reiht sich in eine lange Reihe immer neuer und immer ergebnislos gebliebener Bauernunruhen ein. So gab es bereits 579 im französischen Limoges einen bewaffneten Bauernaufstand. 841 begehrten sächsische Bauern gegen das Feudalsystem auf, und im 14. Jahrhundert erhoben sich die Bauern im norddeutschen Dithmarschen und im Stedinger Land.

Zu Beginn der Neuzeit hatte sich die Lage der Bauern erneut dramatisch verschlechtert. Besonders in den zersplitterten Territorien Süd- und Mitteldeutschlands wurden sie zunehmend in die Leibeigenschaft abgedrängt, der Frondienst wurde immer mehr ausgeweitet. Die Steuerbelastung war drückend und wurde als willkürlich und ungerecht empfunden: so musste etwa beim Tod des Bauern das beste Stück Vieh an den Grundherren abgegeben werden. Das neu eingeführte römische Recht führte in der Praxis häufig zur Rechtlosigkeit gerade der Bauern, die ohnehin im gesellschaftlichen Gefüge ganz unten angesiedelt waren. Missernten in den Jahren 1523 und 1524 verschärften ihre wirtschaftliche Lage noch mehr.

Die Bauern beriefen sich auf Martin Luther

In dieser Situation gaben die Reformation und Schriften Martin Luthers den Forderungen der Bauern ihre scheinbare Rechtfertigung und ihre revolutionäre Stoßkraft. Gerade Luthers Schrift »Von der Freiheit eines Christenmenschen« wurde von den Bauern begierig aufgenommen und in ihrem Sinne schwärmerisch umgedeutet. Unter Berufung auf die Bibel, das göttliche Naturrecht und auf Luthers Schriften forderten sie Aufhebung der Standesunterschiede, Reduzierung der Frondienste, freie Jagd, Rückgabe der Gemeindegüter und gerichtliche Strafsätze nach alter Gewohnheit. In den maßvollen »Zwölf Artikeln« steht aber an erster Stelle die freie Pfarrerwahl und die Predigt des lauteren Evangeliums; außerdem wird zugesagt, alle Forderungen am Wort Gottes prüfen zu lassen. Diese Flugschrift fand durchaus den Beifall Luthers; zahlreiche evangelische Pfarrer traten auf die Seite der Bauern und unterstützten deren Forderungen.

Die bewaffneten Unruhen hatten einen nichtigen Anlass: im Sommer 1524 verlangte die Frau eines Grundherren im südbadischen Stühlingen, Bauern sollten ihr mitten in der Ernte Schneckenhäuser suchen, weil die gnädige Frau eben jetzt Garn aufwickeln wollte. Der Aufstand breitete sich schlagartig bis nach Thüringen und Oberösterreich aus, den ungeordneten Bauernhaufen fehlten aber einheitliche Ziele und eine gemeinsame Führung. Die einzelnen Bauernheere zogen zwar eine Spur der Verwüstung vor allem durch Schwaben und Franken, wo sie 46 Klöster und 162 Burgen – darunter die Kaiserburg Hohenstaufen bei Göppingen – plünderten und zerstörten. Den Bauern gelang es zunächst, reiche und mächtige Klöster zu plündern und mit Reichsstädten und Herrschaften Einigungsverträge mit den Zwölf Artikeln durchzusetzen.

Wegen der Bluttat von Weinsberg am 16. April 1525 – die Bauern hatten die Stadt erobert und geplündert und danach den Befehlshaber und etwa 15 seiner Ritter auf schimpfliche Weise getötet – verloren die Bauern aber das Wohlwollen Luthers. Zwar hatte er bereits 1522 in seiner »Vermahnung an alle Christen, sich zu hüten vor Aufruhr und Empörung« der weltlichen und geistlichen Obrigkeit vorausgesagt, dass sich die Bedrückung und Vernachlässigung der Bauern rächen' werde und ein Jahr später (1523) in seiner Schrift »Von weltlicher und geistlicher Obrigkeit« die Ausbeutung der Bauern gerügt. Noch 1525, als die Unruhen bereits ausgebrochen waren, ist in der »Ermahnung zum Frieden auf die zwölf Artikel der Bauernschaft in Schwaben« Luthers Sympathie für die Forderungen der Bauern deutlich herauszulesen.

Nach der Bluttat von Weinsberg aber gab der Reformator seine vermittelnde Haltung auf und rief die Obrigkeit in seiner Sendschrift »Wider die räuberischen und mörderischen Bauern in Schwaben« auf, die Empörer entschieden und unnachsichtig zu bekämpfen. »Steche, schlage, würge hier, wer da kann! Bleibst du darüber tot, wohl dir! Einen seligeren Tod kannst du nimmermehr erlangen« heißt es darin. Diese Schmäh-Schrift, verfasst unter dem unmittelbaren Eindruck vom Raub-, Mord- und Plünderungszug der Bauern, verbreitete sich aber erst nach der vernichtenden Niederlage der Bauern bei Böblingen. Sie hat viel zur harten und erbarmungslosen Verfolgung der Bauern beigetragen.

Dem Schwäbischen Bund, einer Verteidigungsallianz in Südwestdeutschland, gelang es, ein schlagkräftiges Heer auf die Beine zu stellen, das in Georg III. von Waldburg (1488 – 1531), dem »Bauernjörg«, einen erfahrenen Feldherrn hatte. Er besiegte bei geradezu lächerlich geringen eigenen Verlusten die Bauernhaufen von April bis Juni 1525 in mehreren Schlachten, von denen die bei Böblingen die blutigste war. Die besiegten Bauern wurden als Kriminelle, Landfriedensbrecher und Rebellen hart und oft ausgesucht grausam bestraft; viele Bauern wurden verstümmelt oder geblendet; hohe Geldstrafen waren zu entrichten. Als Folge davon versteinerte die Agrarverfassung; der Bauer wurde bis ins 19. Jahrhundert zur politisch rechtlosen leibeigenen Sache des Grundherrn; der Fürstenstaat schwang sich, gestützt auf Luthers Lehre »vom Gehorsam gegen die Obrigkeit« zur politisch bestimmenden Macht der Neuzeit auf, und die religiöse Volksbewegung der Reformation wandelte sich zu einer von den Landesherren bestimmten politischen Bewegung.

Einen richtigen »Stiefel« herausgeschwätzt

Den Weltuntergang berechnete der württembergische Pfarrer Michael Stiefel aus Esslingen in seinem 1532 erschienen »Rechenbüchlein vom Ende Christi« exakt auf den 19. Oktober 1533, früh um 8 Uhr. Seiner Berechnung legte der als Mathematiker und Algebraforscher bis heute berühmte Wissenschaftler Zahlenangaben aus dem biblischen Buch der Offenbarung zugrunde, in dem vom Ende der Welt und der Wiederkunft Christi berichtet wird.

Seine sorgfältige Berechnung veröffentlichte er in dem 1532 erschienenen »Rechen Büchlein vom End Christ – Apocalypsis in apocalypsim«. Darin wurde der Weltuntergang präzise, aber – wie sich später herausstellte – falsch vorausgesagt. Stiefels genaue Datierung wurde zunächst aber weit beachtet und sorgte für viel Unruhe. Für ihn zumindest traf dann der Weltuntergang ein Stück weit ein: denn als das so genau berechnete Datum ergebnislos verstrichen war, wurde er aus dem Pfarramt entlassen, so dass zumindest für ihn der berufliche Weltuntergang eintrat.

Das Beispiel Stiefels und seiner Rechenkünste verdeutlicht die zur Zeit der Reformation weit verbreitete »doppelte Naherwartung«. Die Menschen rechneten damals fast täglich mit dem eigenen Tod, zudem erwartete man das baldige Ende der Welt und die Wiederkunft Christi. Der Tod war damals etwas völlig Alltägliches und fast Selbstverständliches. In den Familien wurde durchschnittlich jedes Jahr ein Kind geboren, ebenso war der Tod in der Familie häufig. Leben und Sterben gehörten unmittelbar zum Alltag; die Menschen lebten deshalb so, als ob sie morgen sterben würden.

Daneben festigten die atemberaubenden Umbrüche in Forschung und Entdeckung der damaligen Zeit in der Gesellschaft die Gewissheit, in der letzten Zeit zu leben. Man sah alle herausragenden Ereignisse im Zeichen der Endzeit. Die reformatorische Frage nach dem gnädigen Gott wurzelt ja im tiefsten eben in dieser eschatologischen (endzeitlichen) Gesamtauffassung.

Der Gedanke an den Weltuntergang hatte die Menschen schon immer fasziniert, und das Rechnen mit Jahrtausenden hat vor und nach Stiefel schon mehrfach zu Endzeit-Aussagen geführt. So wurde der Weltuntergang etwa zur Jahrtausendwende 1999/2000 erneut vorausgesagt, vor allem von Anhängern meist in den USA ansässigen Sekten. Ähnliche Vorstellungen sind auch aus der Zeit um das Jahr 1000 und anderen symbolträchtigen Untergangsdaten bekannt, und schon damals haben Endzeitszenarien große Faszination ausgeübt.

Immer wieder: warten auf den Weltuntergang

Potentielle Untergangsdaten orientieren sich gerne an Tausenderzahlen, vermutlich, weil im letzten Buch der Bibel, der Offenbarung des Johannes, berichtet wird, dass das Reich derer, die um Christi willen gelitten haben, tausend Jahre währen soll. Die mit einem neu anbrechenden Jahrtausend verbundenen Untergangsängste tauchten daher vor allem in christlich ausgerichteten Kulturen auf.

Auch unabhängig von Kalender-Zahlenspielen hat es schon mehrfach konkrete Endzeiterwartungen gegeben. Als ihnen vorausgehende Untergangsmerkmale wurden früher Hungersnöte, Pestepidemien oder auch eine Sonnenfinsternis gesehen. So gab es um das Jahr 790 mehrere schwere Hungersnöte, die als Vorzeichen des nahen Weltendes interpretiert wurden. Damals war ohnehin die Vorstellung verbreitet, die Erde werde 6 000 bis 7 000 Jahre alt, und um das Jahr 800 sei bereits ein Erdalter von 6.000 Jahren erreicht. Diese Auffassung beruhte auf dem Psalmwort, nach dem vor Gott tausend Jahre wie ein Tag sind, verbunden mit dem biblischen Schöpfungsbericht, nach dem die Erde in sechs Tagen geschaffen wurde und denen der Ruhetag folge.

Auch anderen Weltuntergangsberechnungen wurden Aussagen der Bibel zugrunde gelegt. So fand der Mönch Abbo von Fleury, der im zehnten Jahrhundert an der Loire lebte, heraus, dass Christus nicht im Jahre 1, sondern früher geboren wurde: Er errechnete von daher den Weltuntergang für das Jahr 979. Ein anderer Mönch, Radolf Glaber aus Burgund, ließ seine Berechnung mit dem Jahr 33, dem Todesjahr Christi, beginnen und errechnete von daher das Weltende für 1033. Das sorgte um 1020 in Frankreich für massive Untergangsangst: dort soll es damals einen »Blutregen« gegeben haben, der sich von Holz abwaschen ließ, auf Stein aber haftete. Für das seltene Phänomen gab es damals keine Deutung; heute wird es mit verwehtem rötlichen Sand aus der Sahara erklärt.

Auch aus der Beschäftigung mit dem eigenen Tod entwickelte sich eine Fülle von Literatur zur Vorbereitung auf das Sterben. So riet der württembergische Reformator Johannes Brenz in seinem 1529 erschienenen »Sermon von der Bereitung aufs Sterben«, in der Erinnerung an die Taufe die beste Sterbevorbereitung zu sehen. Man solle nicht nach den Geheimnissen der göttlichen Vorsehung fragen, sondern sein ganzes Vertrauen fest auf Christus allein setzen. Im 16. Jahrhundert – dem Zeitalter der Reformation – ging man auf evangelischer Seite ganz selbstverständlich davon aus, dass insgesamt mehr Menschen in die Hölle als in den Himmel kämen, auf katholischer Seite war es genau umgekehrt. Eine Frage von damals brennender Aktualität war das Schicksal ungetauft verstorbener Kinder. Zahlreiche Säuglinge wurden unmittelbar nach ihrer Geburt oder spätestens am Tag danach getauft, weil die um das Seelenheil der Neugeborenen besorgten Eltern den nächsten Taufgottesdienst nicht abwarten wollten.

Stiefels Endzeitberechnungen stießen schon früh auf den entschiedenen Widerspruch des Reformators Martin Luther. Er hatte Stiefel, der wie Luther selbst einst Augustinermönch gewesen war, eine Stelle als Hofprediger beim Grafen von Mansfeld besorgt. 1525 beschaffte er dem nachmaligen Untergangspropheten eine Stelle in Tirol, später im sächsischen Logau. Stiefel verlegte seine Forschertätigkeit immer mehr auf das Gebiet der Mathematik; sein Hauptwerk »Arithmetica integra« war wichtig für die Weiterentwicklung besonders der Algebra. Hin und wieder findet man auch noch in neueren Mathematikbüchern Rechenaufgaben von Stiefel.

Der vormalige Weltuntergangsberechner ist 1567 als Mathematikprofessor in Jena gestorben; er hat aber nicht nur in Rechenaufgaben überlebt. An ihn erinnert auch das heute oft gesungene Bierlied »Stiefel muss sterben, ist noch so jung, jung, jung...« . Es entstand unmittelbar nach dem prognostizierten Weltuntergangstermin als studentisches Spottlied. Es ist immer wieder zu hören, aber kaum jemand weiß noch um den Grund seines Entstehens. Das gilt auch für die bis heute im süddeutschen Raum immer noch zu hörende Redensart: »Der hat wieder einen rechten Stiefel zusammengeredet« – ein höchst abschätziges Urteil über jemanden, der unkluges Zeug dahergeschwätzt hat, einen »rechten Stiefel« eben, und so meist unbewusst und ungewollt die Tradition des Weltuntergangspropheten fortgesetzt hat.

Das evangelische Altwirtemberg

Das Württemberg der Reformation ist das später als »Altwürttemberg« bezeichnete Gebiet, das im Wesentlichen den Nordschwarzwald, den mittleren Neckarraum und die Schwäbische Alb umfasst. Weite Teile des späteren »Königreiches Württemberg« gehörten nicht dazu, so etwa Oberschwaben, Hohenlohe und die Reichsstädte. Eingekeilt zwischen die militant katholischen Gebiete von Bayern, Fürstenberg und Habsburg bot das erst 1534 evangelisch gewordene, kleine arm und verkehrsabgelegene Ländchen wenig Voraussetzungen, um seinen Glauben auch behaupten zu können. Dennoch – oder auch gerade deshalb – hat hier der evangelische Glaube so prägend gewirkt, dass Württemberg zeitweise zur führenden Macht unter den evangelischen Reichsstädten wurde.

Auch staats- und verfassungsrechtlich wurde der neue Glaube abgesichert. Im »Landtagsabschied« von 1565 wurde der evangelische Glaube als allein gültig im Herzogtum festgeschrieben, Herzog Christoph verzichtete für sich und seine Nachkommen auf das Recht, jemals die evangelisch-lutherische Religion im Lande abzuschaffen. Außerdem überredete er seinen bereits 57-jährigen Onkel Georg, doch noch zu heiraten, damit es evangelische Nachkommen gebe: der Onkel, ein bis dahin hartnäckiger Junggeselle, ließ sich überzeugen und heiratete die 19jährige Tochter Barbara des Landgrafen Philipp von Hessen. Aus der dreijährigen, glücklichen Ehe gingen drei Kinder hervor, unter ihnen war der spätere Herzog Friedrich I., der dann als Vater von neun Söhnen und sechs Töchtern den Bestand des – evangelischen – Hauses Württemberg für Generationen sicherte.

Die Reformation in Württemberg wurde unter dem Leitwort »Gottes Wort bleibt in Ewigkeit« eingeführt. Es sollte an das Bibelwort erinnern, nach dem "der Glaube aus der Predigt, die Predigt aber aus dem Wort Gottes" (Röm 10,17) kommt. Nach diesem Motto wurde der Staat so durchgreifend umgestaltet wie nie mehr in der Geschichte.

Beim »Umritt« sah man darauf, dass die Pfarrer das Wort Gottes »evangelisch« – das war zunächst einmal in deutscher Sprache predigten. Die Kirchen wurden von dem gereinigt, was vom Wort Gottes abzulenken oder ihm zu widersprechen schien und man beseitigte alles, was nicht der »reinen Lehre« entsprach. So waren nur Gotteshäuser geduldet, in denen regelmäßig gepredigt wurde, alle anderen wurden, »weil vor denselben allerlei Abgötterei betrieben«, abgerissen oder anderweitig verwendet. Wallfahrtskirchen und Brücken- und Wegekapellen haben deshalb im altwürttembergischen Bereich Seltenheitswert. Die sehr sehenswerte Nikolaus-Brückenkapelle in Calw entging ihrem bereits verfügten Abriss nur, weil die Stadtarbeiter sie benötigten, um dort ihre Arbeitsgeräte abzustellen, und die außerhalb des Orts gelegene Liebfrauenkirche von Lienzingen überstand den Vernichtungsfeldzug nur, weil sie sich so gut zum Heuschober eignete.

Andererseits wurde in Württemberg schon früh ein flächendeckendes Netz von Dorfschulen eingeführt. Jeder sollte selbst das Wort Gottes lesen können. Dieser Begründung verdankt die evangelische Insel Württemberg ihr beispielhaftes Bildungssystem mit Dorfschulen, Klosterschulen und dem Stift in Tübingen.

Der Reformator Württembergs kam aus Weil der Stadt

Johannes Brenz erhielt seinen Vornamen, weil er am 24. Juni, dem Johannes dem Täufer gewidmeten Tag, geboren wurde. Seinen Familiennamen »Brenz« verdankt er seiner Großmutter, denn sein Vater hieß Martin Hess. Der nahm später zusätzlich den Geburtsnamen seiner Mutter an, um sich von einem Halbbruder zu unterscheiden. Brenz, ein Sohn des angesehenen Bürgermeisters der Reichsstadt Weil der Stadt, war bereits als Schüler ungemein fleißig: Er stand schon kurz nach Mitternacht auf, um zu lernen. Beim Studium in Heidelberg lernte er Martin Luther und weitere, später berühmt gewordene, Mitreformatoren persönlich kennen, unter ihnen Philipp Melanchthon. Er selbst predigte bereits ab 1518 im Sinne der Reformation. In der Reichstadt Hall führte der junge Prediger behutsam die Reformation ein. Er musste während des Interims aus der Stadt fliehen und von 1549 bis 1551 sein Leben im Verborgenen fristen. In dieser Zeit verfasste er die berühmt gewordene Katechismus-Erklärung. Aus seiner Feder stammt auch die 1551 in Sindelfingen niedergeschriebene »Confessio Württembergica«, ein letzter Versuch, auf dem Konzil zu Trient die Einheit der Kirche zu retten. Als württembergischer Landespropst gab er der jungen Kirche ihre Gestalt und ihre Ordnungen, die sie bis ins 20. Jahrhundert bewahren konnte.

Johannes Brenz starb 1570, vor über 400 Jahren. Sein Werk wirkt aber bis heute fort. Der Reformator der Reichsstadt Hall und später des Herzogtums Württemberg hat seine Heimat nachhaltig umgestaltet. Mit dem neuen Glauben kamen die Neuordnung des Kirchen- und Schulwesens, neue Ordnungen für die Ehe und das Leben im Alltag. Sie und die ebenfalls von Brenz verfasste »Confessio Virtembergica« – das eigene württembergische Glaubensbekenntnis – haben ab etwa 1560 eine eigen geprägte lutherische

Musterkirche entstehen lassen. Dabei hat Brenz so wenig wie Luther die alte Kirche spalten wollen, er wollte sie von innen her erneuern. Behutsam und wohl überlegt hat er, nachdem er bereits 1518 in Heidelberg für die Sache der Reformation gewonnen war, die von ihm angestrebte Reform Schritt für Schritt verwirklicht:

Er beseitigte nicht einfach das Alte, aber er wehrte der Heiligenverehrung. Seine neue Gottesdienstform kam sehr behutsam, es gab keinen Bildersturm und bis zum ersten evangelischen Abendmahl mit Brot und Wein für die Teilnehmer wartete er vier Jahre. Brenz suchte stets die Vermittlung. Er war 1529 beim Marburger Religionsgespräch dabei und die Confessio Virtembergica entstand nicht als konfessionelle Streitschrift, sondern sie sollte auf dem Konzil zu Trient die Einheit der Kirche retten. Behutsam und wohl überlegt gestaltete Brenz später gemeinsam mit Herzog Christoph auch Württemberg um. Die Große Kirchenordnung regelte nahezu alle Bereiche des Glaubens und des Lebens und verankerte den neuen Glauben in Württemberg.

Erstaunlicherweise ist das kleine Weil der Stadt trotz seines großen Sohnes und mehrerer Anläufe zur Reformation schließlich doch eine katholische Insel im bald entschieden evangelischen Württemberg geblieben. Die Katholiken wollten sich ihren Vorposten nicht nehmen lassen; zu ihrer Verstärkung holten sie schließlich Jesuiten in die Stadt. 1597 resignierten dann die letzten Evangelischen und zogen weg. Brenz wurde in der nun entschieden katholischen Stadt Jahrhunderte lang totgeschwiegen. Erst 1835 ist eine nach ihm benannte »Brentiusgasse« nachgewiesen.

Die Evangelische Kirchengemeinde Weil der Stadt entstand erst 1881, ihre nach Brenz benannte Kirche wurde 1889 erbaut und zum 400. Geburtstag von Brenz gab es 1899 erstmals auch in Weil der Stadt eine Gedenkfeier. 1949 kam der damalige Landesbischof Martin Haug nach Weil der Stadt, um den 450. Geburtstag von Brenz zu würdigen.

Brenz ist nicht nur als Reformator wichtig; er steht auch im Stammbaum zahlreicher berühmter Württemberger. So ist er direkter Vorfahre des Biblizisten Johann Albrecht Bengel und der Dichter Ludwig Uhland, Wilhelm Hauff, Hermann Hesse und Ottilie Wildermuth. Dietrich Bonhoeffer und Richard von Weizsäcker können ihn ebenfalls zu ihren Ahnen zählen. Ein direkter Nachfahre war 1999 beim Gottesdienst zur Wiederkehr des 500. Brenz-Geburtstages dabei: der frühere katholische Weihbischof Franz Josef Kuhnle stammt in der 13. Generation direkt von Brenz ab.

Johannes Brenz wurde fünfmal bestattet

Ruhe im Grab hat der württembergische Reformator Johannes Brenz nicht gefunden. Bei den vorerst letzten Umbauarbeiten in der Stuttgarter Stiftskirche wurde er im März 2003 im Rahmen einer schlichten Feier zum fünften Mal in der Stiftskirche bestattet. Sein Zinksarg befindet sich unter der Kanzel, auf der er 18 Jahre gepredigt hat. Unter ihr war Brenz am 12. September 1570 seinem Wunsch entsprechend begraben worden. Den Bestattungsplatz hatte er sich ausgewählt, damit er, falls jemand von dieser Kanzel eine andere Lehre als er verkündigen würde, sein Haupt aus dem Grabe erheben und rufen könne: »Du lügst!«

Seine Totenruhe war nicht von Dauer. Am 24. Mai 1634 wurde der Jesuitenpater Eusebius Raab in das Grab von Brenz gelegt. So sollte der württembergische Reformator noch nachträglich geschmäht werden. Der rabiate Gegenreformator Raab hatte während der Zeit des Interims (katholische Besetzung des Landes) von der Stiftskirchenkanzel aus allen Ketzern verheißen, sie würden an der Pest sterben. Kurz darauf raffte ihn selbst eben diese Krankheit dahin und er fand unter der Kanzel sein Grab neben Brenz, dessen Totenruhe somit zum ersten Mal gestört wurde.

Rund 300 Jahre später grub man wieder am Brenz-Grab, als die Stiftskirche im Jahr 1908 eine Heizanlage erhielt. Damals barg man die Überreste von Brenz und Raab und setzte sie in einem zweikammerigen Zinksarg am Ort der damaligen Kanzel bei. Dort überstand er fast unbeschädigt den Zweiten Weltkrieg, erhielt aber beim Wiederaufbau der im Bombenkrieg schwer getroffenen Stiftskirche im Jahr 1955 in der Nähe der anders positionierten Kanzel einen neuen Platz in drei Metern Tiefe. Dort entdeckte man ihn im Jahre 2000 im Verlauf der Umbauarbeiten.

Bei sorgfältigen anthropologischen Untersuchungen wurden die Gebeine von Brenz zweifelsfrei nachgewiesen. Wissenschaftler stellten dabei fest, dass der erste evangelische Propst des Landes an einer leicht heilbaren Parodontose und einer als »Marmorknochenkrankheit« bekannten Osteoporose gelitten haben muss. Sie führt zur Verdickung von Knochen und ist der Grund dafür, dass der Schädel von Brenz 1 120 Gramm wog, fast 400 Gramm mehr als die Durchschnittsschädel seiner Zeit.

Der am 24. Juni 1499 in Weil der Stadt geborene Schultheißensohn Johannes Brenz war lebenslang mit Martin Luther befreundet. Ihn hatte er im Jahre 1518 unmittelbar nach seinem Theologiestudium in Heidelberg persönlich kennen gelernt und war von ihm für die Sache der Reformation gewonnen worden. Brenz war von 1519 bis 1548 Prediger in Hall, dem heutigen Schwäbisch Hall. Die Stadt gestaltete er ab 1523 behutsam im Sinne der Reformation um.

Von der Reichsstadt Hall aus förderte Brenz die Reformation in zahlreichen anderen Gebieten. Er verfasste Gutachten zu wichtigen Themen seiner Zeit, wie etwa Bauernkrieg, Kirchenordnung und Abendmahlsfrage, war 1529 beim Marburger Religionsgespräch zwischen Luther und Zwingli dabei und wirkte ab 1535 immer mehr in Württemberg. So verfasste er 1551 die Confessio Wirtembergica (württembergisches Glaubensbekenntnis). 1553 wurde Brenz zum Landespropst (Stiftspropst an der Stuttgarter Stiftskirche und erster Pfarrer in Stuttgart) berufen. Gemeinsam mit Herzog Christoph (1550 – 1568) gestaltete er das Land im Sinne der Reformation durchgreifend um.

»Ob der Staig« trennten sich Die Wege der Reformatoren

Ein Gedenkstein, der seit dem 20. Juli 1995 wieder an seinem angestammten Platz an der »Alten Weinsteige« in Stuttgart unweit der Haigstkirche steht, erinnert an den Ort, von dem aus die Reformation Württembergs im Jahre 1534 ihren Gang durch das damalige Herzogtum nahm. Hier begannen die Reformatoren Ambrosius Blarer und Erhard Schnepf ihren legendär gewordenen »Umritt«: Blarer besuchte die Orte »ob der Staig« (südlich von Stuttgart), Schnepf alle »unter der Staig« (nördlich von Stuttgart).

Bei dem Umritt wurde jeder Pfarrer befragt, ob er künftig evangelisch predigen wolle. Das bedeutete zunächst im konkreten Fall oft lediglich das Predigen in deutscher Sprache. Wer diese Frage bejahte, erhielt im Gegenzug die Erlaubnis zu heiraten. Wer beim alten Glauben verharrte, wurde des Landes verwiesen – in der Zeit der Glaubensspaltung eine ungewöhnlich milde Entscheidung.

Blarer und Schnepf begannen ihren Umritt von der Alten Weinsteige aus, daran erinnerte schon früher ein Gedenkstein, der aber im Jahre 1945 von einem vermutlich betrunkenen US-Besatzer mutwillig zerstört wurde. 50 Jahre später wurde auf Initiative des Landeshistorikers Gerhard Raff der zweite Gedenkstein enthüllt. Er trägt das württembergische Herzogswappen und hat die Inschrift »Hie gut Wirtemberg allewege" (1495 – 1995) und verweist auf das Gebiet, das einst »ob der Staig« und »unter der Staig« lag.

Das damalige Württemberg umfasste die heute als »Altwürttemberg« bezeichneten Landesteile zwischen Schwarzwald und Schwäbischer Alb, ohne Reichsstädte, ohne Franken und ohne Oberschwaben. Das kleine und unbedeutende Territorium wurde erst 1534 evangelisch, als der 1519 ins Exil vertriebene Herzog Ulrich sein Land zurückerobert hatte. Ulrich war sowohl dem lutherischen wie auch dem reformierten Lager des Protestantismus verpflichtet: Er baute seine Landeskirche deshalb im Kern lutherisch, jedoch mit der reformierten Gottesdienstliturgie auf. Darauf ist die immer einfach gebliebene württembergische Gottesdienstform zurückzuführen. Auch beim Reformationsumritt achtete Ulrich darauf, dass beide Lager der Reformation zum Zuge kamen: Im Süden des damaligen Württemberg mit der Nähe zur reformierten Schweiz wirkte der von dort beeinflusste Ambrosisus Blarer, im Norden der Lutheraner Erhard Schnepf.

Katholisch geblieben, weil der Reformator den Weg nicht fand

Weil der württembergische Reformator Ambrosius Blarer im Jahre 1534 bei seinem »Umritt« durch Südwürttemberg den Weg nicht nach Gößlingen fand, blieb der kleine, weltabgelegene Ort an der Landesgrenze von Württemberg zum damaligen Vorderösterreich katholisch. Erst 1543 bemerkte man in Stuttgart das Versäumnis, beließ aber alles beim Alten. In der Kleingemeinde am Fuße des Kleinen Heuberg waren die Rechtsverhältnisse so verzwickt – neben Württemberg und der Reichsstadt Rottweil hatten Habsburg und Ritterschaften diverse Rechts- und Eigentumsansprüche –, dass man in schwäbischer Sparsamkeit die Kosten für einen teuren Rechtsstreit scheute und lieber auf die Einführung der Reformation in Gößlingen verzichtete: der Ort blieb deshalb ununterbrochen katholisch.

Noch heute sind von den rund 350 Einwohnern Gößlingens – der Ort gehört jetzt zu Dietingen im Kreis Rottweil – über 96 Prozent katholisch. Das verkehrsungünstig gelegene Gößlingen konnte so über Jahrhunderte hinweg sein »katholisches Eigenleben« führen. Die Steuern wurden zwar nach Stuttgart bezahlt, mit dem Kalender richtete man sich aber nach katholischem Brauch: in Württemberg wurde der Gregorianische Kalender erst im Jahre 1700 eingeführt, in katholischen Ländern schon 1586. Auch die erste Eheschließung über Orts- und Konfessionsgrenzen hinweg kam erst 1987 zustande – über 450 Jahre, nachdem Altwürttemberg evangelisch geworden war.

Im katholischen Kloster entstand das erste evangelische Kirchenlied

Alpirsbach wurde am 10. Januar 1095 zum ersten Mal urkundlich erwähnt. Damals weihte Bischof Gebhard III. von Konstanz im oberen Kinzigtal einen Gebetsraum (Oratorium) für eine kleine Gründungskolonie. Aus ihr ist das frühere Kloster Alpirsbach entstanden, das wiederum der heutigen Stadt den Namen gegeben hat. Als Stadt und evangelische Kirchengemeinde Alpirsbach ihre erste urkundliche Erwähnung vor 900 Jahren festlich begehen konnten, da konnte das Kloster auf exakt 450 Jahre katholische und 450 Jahre evangelische Geschichte zurückblicken.

Für beide Kirchen ist oder war Alpirsbach wichtig: das Reformkloster war bei den Auseinandersetzungen zwischen Kaiser und Papst (Investiturstreit) entschiedener Vertreter der päpstlichen Seite. Es besaß bald für besonders heilig angesehene Reliquien, die den ertragreichen Ablasshandel florieren ließen, was wiederum dem Ausbau des Klosters und seiner Umgebung zugute kam. Im – formal gesehen – noch katholischen Kloster entstand 1521 das erste evangelische Kirchenlied überhaupt: der Benediktinermönch Ambrosius Blarer dichtete dort das (im neuen Gesangbuch nicht mehr enthaltene Lied) »Wies Gott gefällt, so gfällts auch mir, ich lass mich gar nicht irren«. Später war Alpirsbach Sitz einer der württembergischen Klosterschulen; noch später trug der Biblizist und Glaubensvater Johann Albrecht Bengel den ehrenvollen Titel eines Prälaten von Alpirsbach.

Reformkloster von Anfang an

Das Kloster Alpirsbach verdankt sein Entstehen einer Stiftung durch die drei Adligen Ruotman von Beckarhausen, Adalbert von

Zollern und Graf Alwik von Sulz. Aus dieser Gründung im oberen Kinzigtal wurde im Laufe seiner Geschichte sowohl der bedeutsamste romanische Kirchenbau des Landes als auch die heute rund 7 000 Einwohner zählende schmucke Stadt Alpirsbach, deren Name aus dem des Gründers Adalbert entstanden sein soll. Das von 1095 bis 1098 erbaute Benediktiner-Kloster gehörte anfangs zur Mutterabtei St. Blasien, aber bereits ab 1117 zum Einflussbereich des bedeutenden süddeutschen Reformklosters Hirsau.

Das Kloster Alpirsbach bestand bis 1534. 1550 wurde es nach einigen Wirren endgültig evangelisch. Es war von 1556 bis 1595 Sitz einer der 13 württembergischen Klosterschulen, in die Herzog Christoph die Mannsklöster umgewandelt hatte. Die kleine

»Grammatisten«-Schule Alpirsbach mit einem immer nur 14-köpfigen Schülerjahrgang wurde aber aus Einspargründen schon 1595 mit der Klosterschule Adelberg zusammengelegt.

Das Kloster Alpirsbach hat trotz seiner ungünstigen topografischen und politischen Lage am Rande des mittleren Schwarzwaldes und an der lange trennenden Landes- und Konfessionsgrenze zum späteren Baden in seine nähere und weitere Umgebung ausgestrahlt. Das Reformkloster ließ sich schon 1101 – der Investiturstreit zwischen Kaiser und Papst hatte eben seinen Höhepunkt überschritten – unter direkten päpstlichen Schutz stellen. Seine Unabhängigkeit konnte es weiter ausbauen, als ihm 1123 das wichtige Recht garantiert wurde, den Schutzvogt für das Kloster selbst zu bestimmen. Das hat wiederum den Ausbau von Kirche und Kloster sehr begünstigt. Bisher nahm man an, dass die Kirche um 1095 bis 1098 erbaut worden sei. Nach neueren Forschungen beziehen sich diese Jahreszahlen aber wohl nicht auf die große Kirche, sondern auf eine kleinere ehemalige Pfarrkirche.

Das Kloster Alpirsbach blieb nach 1534 aufgehoben – trotz gegenreformatorischer Zwischenspiele zuletzt im Dreißigjährigen Krieg. Das Ende des Klosters leitete die Geschichte der bürgerlichen Siedlung Alpirsbach ein: Sie war von 1535 bis 1810 Hauptort des eevangelischen Klosteramtes mit mehreren Behörden. Seine Aufhebung im neuen Königreich Württemberg war ein schwerer Schlag für das Gemeinwesen, von dem es sich erst nach der Erhebung zur Stadt 1869 und nach dem Deutsch-Französischen Krieg 1870/71 erholen konnte. Heute ist Alpirsbach eine schmucke Fremdenverkehrsstadt mit rund 7 000 Einwohnern. Ihr Glanzstück ist unverändert das Kloster, das ihre Geschichte so nachhaltig geprägt hat.

Das Kloster gehört dem Land Baden-Württemberg; der Evangelischen Kirchengemeinde steht die Nutzung für die frühere Klosterkirche zu, der katholischen die des ehemaligen Refektoriums und des einstigen Pferdestalls. Die große Kirche ist nicht nur eine architektonische und baugeschichtliche Kostbarkeit. Jährlich kommen etwa 30 000 Besucher in den bedeutendsten romanischen Kirchenbau des Landes zu den dort regelmäßig angebotenen »Alpirsbacher Klosterkonzerten«. Sie haben sich überregional einen guten Namen sichern können.

Jahrzehntelanger Streit mit »halsstarrigen alten Weibern«

Die Reformatoren maßen alles an der Bibel und gestalteten Württemberg in ihrem Sinne um. So wurden Wallfahrten und Prozessionen abgeschafft und Weg- und Brückenkreuze entfernt, weil sie nicht der »regelmäßigen Verkündigung des theuren Gottes Worts« dienten. Die Mannsklöster wurden aufgehoben und 13 von ihnen in die berühmt gewordenen evangelischen Klosterschulen umgewandelt. Sie erinnerten nur noch mit ihrem Namen an ihre »papistische« Vergangenheit. Die Mönche wurden – soweit sie sich nicht für die evangelische Sache gewinnen ließen – außer Landes geschickt. Probleme gab es aber mit den Nonnenklöstern.

Wohl wurden viele Nonnen evangelisch und verließen das Kloster, doch konnte man die verbleibenden altgläubigen Frauen nicht einfach fortschicken – wohin auch? Für viele Frauen bedeutete damals der Eintritt ins Kloster nicht nur eine Glaubensentscheidung, er konnte auch für die Altersversorgung der unverheirateten weiblichen Familienangehörigen stehen. Eine Frau, die das Kloster verließ, verlor alle diese Ansprüche; sie fand in der damaligen Gesellschaft einfach keinen Platz. Vor allem ältere Nonnen weigerten sich auch deshalb beharrlich, ihre Heimstatt zu verlassen. Zwar war den Klöstern ab 1534 jegliche Neuaufnahme verboten, damit war das Kloster selbst aber noch lange nicht säkularisiert. Das zeigt sich am Beispiel des ehemaligen Klarissenklosters in Pfullingen.

Das um 1250 entstandene und 1252 erstmals urkundlich erwähnte Klarissenkloster in Pfullingen ist nach dem in Ulm-Söflingen das älteste in Deutschland. Hier verbrachten anfangs fünf, später bis zu 60 Frauen ihr Leben in strengster Askese. Für heutige Begriffe waren sie lebendig begraben: so durften sie z. B. ihr Kloster nie verlassen. Reden war nur erlaubt, wenn es die Äbtissin gestattete, und selbst bei Beichte und Visitation war immer eine weitere Aufsichtsperson dabei. Die Nahrung war kärglich, das Fasten häufig und die einfache Kleidung bestand lediglich aus »geringem Tuche«.

Das anfangs sehr arme Kloster besaß aber zu Beginn des 16. Jahrhunderts reichen Grundbesitz und einträgliche Gerechtigkeiten, und es war zu einem der größten Nonnenklöster im damaligen Württemberg geworden. Nach der Reformation wurde es formal aufgehoben. Die damals 25 Nonnen schob man – weil sie nicht evangelisch werden wollten – 1540 in ein leer stehendes Kloster nach Leonberg ab, die wehrhaften Frauen setzten aber 1551 ihre Rückkehr nach Pfullingen durch. Dort blieben sie bis zu ihrem Tod.

Das zusammenschrumpfende Häuflein – 1571 lebten noch zehn Nonnen, 1579 noch drei und 1590 noch zwei – hielt zäh am alten Glauben fest und widerstand mannhaft den vielfältigen Bekehrungsversuchen der württembergischen Obrigkeit. So versprach Herzog Christoph 1559 jeder Nonne, die das Kloster verlasse und heirate, den notwendigen rechtlichen Schutz und eine fürstliche Aussteuer. Das dennoch weiter ausharrende Häuflein hatte vier Jahre lang jeden Sonntag und einmal wochentags einen eigens für sie angeordneten evangelischen Gottesdienst zu besuchen. Der Ortspfarrer wurde im Blick auf sie angewiesen, »mit Predigen und Ermahnungen fleißig fortzufahren«. Er führte denn auch Klage über die »halsstarrigen, alten Weiber«, die unbelehrbar blieben, obgleich er ihnen nun schon Jahre freundlich predige und sie fleißig besuche.

Die Pfullinger Akten geben an, dass 1579 noch drei Nonnen da waren. Die letzte Nonne, eine Anna Reischin, starb hochbetagt am 2. November 1595. Sie hatte 60 Jahre im Kloster ausgeharrt, nachdem es formal aufgehoben worden war. Wegen ihres langen Lebens war ihr Kloster zu einem der letzten Frauenklöster im Herzogtum geworden. Immerhin heißt es von ihr im Pfullinger Totenbuch, sie sei fünf Jahre vor ihrem Tod doch noch evangelisch geworden.

Ihr Tod machte endlich den Weg frei für eine durchgreifende Umgestaltung des Klosterareals. In die Kirche wurden – nachdem alles »Katholische« wie Kreuze und Altar zerschlagen und entfernt worden waren – Zwischenwände eingezogen und das Gebäude als Kornspeicher verwendet. Bei im Jahre 1981 vorgenommenen Restaurierungsarbeiten entdeckte man in dem ältesten Gebäude der Stadt uralte Fresken aus dem 13. Jahrhundert, wie es sie nach Auffassung von Kunstexperten so nördlich der Alpen nicht noch einmal gibt.

Der »Apostel Schwabens« erntete keinen Dank

Ambrosius Blarer (1492 – 1564) hat sich sein Leben lang aus Überzeugung für die evangelische Sache eingesetzt. Er verzichtete ihretwegen auf eine aussichtsreiche Karriere im (katholischen) Kirchendienst und verließ das Benediktinerkloster Alpirsbach. Er reformierte neben seiner Vaterstadt Konstanz zahlreiche oberdeutsche Reichsstädte und wurde schon von seinen Zeitgenossen »Apostel Schwabens« genannt. Für die württembergische Landeskirche ist Blarer besonders wichtig, weil er ab 1534 unter schwierigsten äußeren Bedingungen den südlichen Landesteil im Sinne der Reformation umgestaltete. Auf ihn geht die für Württemberg typische schlichte Gottesdienstform zurück.

Blarer folgte stets seinem Gewissen und seiner Überzeugung: Er gilt als der menschlich beeindruckendste Reformator Württembergs. Wegen seiner vermittelnden Haltung zwischen den verschiedenen Richtungen der Reformation fiel er schließlich am württembergischen Herzogshof in Ungnade; er wurde unter wenig schönen Begleitumständen 1538 entlassen. Er kehrte in seine Vaterstadt Konstanz zurück, musste aber nach zehn Jahren der Gegenreformation weichen. Er lebte ab dann als evangelischer Pfarrer im Schweizer Exil und starb am 6. Dezember 1564 in Winterthur.

Ambrosius Blarer entstammt der angesehenen und weitverzweigten Konstanzer Patrizierfamilie »Blarer von Giersberg«. Geboren wurde er am 4. oder am 12. April 1492; der genaue Tag ist nicht bekannt. Er studierte ab 1505 in Tübingen und wurde dabei mit Philipp Melanchthon bekannt. Unter dem Einfluss seiner frommen Mutter trat er in das Benediktinerkloster Alpirsbach ein, dort stieg er rasch bis zum »Prior« (Stellvertreter des Abtes) auf. Über der Lektüre von Schriften Martin Luthers kam er zum evangelischen

Glauben. In dieser Zeit dichtete er das (jetzt nicht mehr im Gesangbuch enthaltene) Lied »Wies Gott gefällt, so gfällts auch mir, ich las mich gar nicht irren«: das älteste deutsche evangelische Kirchenlied überhaupt. In Alpirsbach geriet Blarer – weil er aus seiner Überzeugung kein Hehl machte – rasch in Schwierigkeiten, so dass er am 5. Juli 1522 das Kloster verließ und in seine Vaterstadt zurückkehrte.

Wies Gott gefällt, so gfällts mir auch

Nach der Weise des vorhergehenden Liedes

Wies Gott gefällt, so gfällts mir auch, ich laß mich gar nicht irren. Ob mich zuzeiten beißt der Rauch und wenn sich schon verwirren all Sachen gar, weiß ich fürwahr, Gott wirds zuletzt wohl richten. Wie ers will han, muß es bestahn; solls sein, so seis — ohn Dichten*.

* aufrichtig

2. Wies Gott gefällt, so nehm ichs hin, das andre laß ich fahren. Was nicht soll sein, stell ich dahin. Gott will mich recht erfahren, ob ich auch will ihm halten still; wird doch wohl Gnad bescheren; dran zweifl ich nicht; solls sein — man spricht —, so seis; dem kann nichts wehren.

3. Wies Gott gefällt, laß ichs geschehn, ich will mich drein ergeben; wollt ich seim Willen widerstehn, umsonst wär all mein Streben, dieweil fürwahr all Tag und Jahr bei Gott sind ausgezählet. Ich schick mich drein; geschiehts, solls sein; so seis bei mir erwählet.

4. Wies Gott gefällt, so mags ergehn in Lieb und auch im Leide; dahin laß ich die Sachen stehn, daß sie mir sollen beide gefallen wohl, darum mich soll Ja oder Nein nicht schrecken. Schwarz oder weiß, solls sein, so seis! Dann wird Gott Gnad erwecken.

6. Wies Gott gefällt, nichts weiter will von Gott ich sonst begehren; Gott hat gestellet mir ein Ziel, so lang wird müssen währen das Leben mein. Ich geb mich drein; auf guten Grund will bauen und nicht auf Eis. Solls sein, so seis! Will Gott allein vertrauen.

7. Wies Gott gefällt, so nehm ichs an, will um Geduld ihn bitten. Gott ist allein, der helfen kann; und wenn ich schon wär mitten in Angst und Not, läg gar am Tod, so wird er mich wohl retten gwaltigerweis. Solls sein, so seis! Ich gwinns; wer nun wollt wetten!

Ambrosius Blaurer 1562

In Konstanz – damals Reichsstadt und Bischofssitz – wurde er bald das Haupt der Reformation: er gestaltete das kirchliche und öffentliche Leben durchgreifend um, indem er etwa die evangelische Liturgie in Gottesdiensten einführte, die Klöster in der Stadt aufhob und die zahlreichen Prozessionen, Umzüge und Feiertage abschaffte. In anderen Reichsstädten wurde man auf den sanften, aber entschiedenen Reformator aufmerksam. Von 1528 bis 1540 war Blarer als »Apostel Schwabens« fast ununterbrochen unterwegs. Er wirkte in schwäbischen Reichsstädten, etwa in Memmingen und Ulm, Esslingen, Geislingen, Isny und Lindau und – ab 1534 – im soeben für die Sache der Reformation gewonnenen Herzogtum Württemberg.

Das Land nahe der Schweiz war beiden Lagern der Reformation verpflichtet: Den Nordteil gestaltete der Lutheraner Erhard Schnepf um, den Süden des Landes Ambrosius Blarer, der, Vertreter einer vermittelnden oberdeutschen Richtung, der von Zwingli geprägten Reformation nicht ferne stand. Die Differenzen mit den Lutheranern im eigenen Land waren daher vorprogrammiert. Blarer und Schnepf konnten sich zwar anfangs auf eine »Stuttgarter Konkordie« sogar in der Abendmahlsfrage einigen, und Blarer setzte seine Auffassung in der Bilderfrage durch, insgesamt überforderten aber die ihm gestellten Aufgaben seine Kräfte. So gelang es ihm z. B. nicht, die widerspenstige Universität Tübingen – ein Hort der Altgläubigen – zu reformieren. Als dann noch deutlich wurde, dass keine Einigung mit den Schweizern in der heftig umstrittenen Abendmahlsfrage zu erreichen war, wurde der Vermittler Blarer entbehrlich: am 30. Mai 1558 wurde er aufgrund einer umfassenden Intrige bei Hofe – an ihr waren auch Johannes Brenz und Philipp Melanchthon beteiligt – in Ungnaden »abgeschafft« (entlassen).

Konrad Sam wollte den Himmel auf Erden schaffen

Konrad Sam wurde 1483 in Rottenacker bei Ehingen in einer leibeigenen Kleinhandwerkerfamilie geboren. Die Studienzeit des begabten Theologen zog sich über 15 Jahre lang hin, vermutlich, weil er selbst für seinen Unterhalt aufkommen musste. 1513 wurde ihm eine Predigerstelle an der damaligen Landesgrenze in Brackenheim im Zabergäu übertragen. In dem Städtchen mit seinerzeit etwa 1.000 Einwohnern gab es starke soziale Spannungen, hervorgerufen durch Missernten, Hunger, Seuchen und Kriege. In einer fast bürgerkriegsähnlichen und stets labilen Gesamtsituation predigte Sam schon ab 1518 offen die evangelische Lehre. Das machte ihn populär. Mit lebensnahen, bildhaften, sozial- und problemorientierten Aussagen gewann er die Menschen. Seinen Gegnern – örtlichen Theologen und Teilen der Obrigkeit – gelang es nicht, ihn aus dem Amt zu drängen. In Flugschriften jener Zeit wurde Brackenheim als »Vorort der Glaubens- und Gewissensfreiheit« gefeiert, und Sam bereitete der Reformation im Zabergäu einen fruchtbaren Boden.

Im Frühjahr 1524 musste Sam aber aus Brackenheim fliehen, als die katholische österreichische Herrschaft mit aller Härte gegen die Lutheranhänger in Württemberg vorging. Er zog in die Reichsstadt Ulm. Dort kämpfte der freiheitsbewusste Prediger gegen die in seinen Augen halbherzige und opportunistische Politik des Rats. Sams Predigten zogen die Massen an. Es ist überliefert, dass das Ulmer Münster so überfüllt war, dass Wachen dem Prediger den Weg zur Kanzel bahnen mussten. Seine leidenschaftlichen Ansprachen trugen ihm aber auch Verhöre durch den Rat ein, denn Sam wetterte einmal in einer Weihnachtspredigt, dass für den Rat das Wort Christi an letzter Stelle komme. Die Ratsherren seien »Sklaven der Welt, denen gleich ist, ob Christus oder der Antichrist regieren«. Sam wirkte auch als Gastprediger im Oberland und in der Schweiz; dort gewann er enge Verbindungen zu Huldrych Ulrich Zwingli und stellte sich ab 1526 gegen Martin Luthers Abendmahlsverständnis.

Im Umgang mit Schwärmern und Splittergruppen empfiehlt Sam seelsorgerliche Geduld und biblische Unterweisung, Zwangsmaßnahmen hält er nur bei gewaltsamen revolutionären Umtrieben für gerechtfertigt. Im Bauernkrieg von 1525 bestätigt er die Rechte der Bauern, lehnt aber Gewalt ab und warnt, politisch-wirtschaftliche Angelegenheiten vordergründig mit dem Evangelium zu vermischen. Mit seiner mutigen Haltung macht sich Sam nicht nur Freunde. Die Ulmer Kirchenordnung von 1531 trägt zwar seine Handschrift, er darf daran aber nicht direkt mitwirken. In ihr wird das Modell einer christlichen Stadt mit eigenständigem Gemeindeleben ohne politische Kontrolle entworfen. 1532 erleidet Sam auf der Kanzel einen Schlaganfall, am 20. Juni 1533 stirbt er auf dem Weg zum Gottesdienst. An seiner Bestattung nimmt fast die gesamte Ulmer Bevölkerung von 17.000 Personen teil.

Das »Sturmlied der Reformation« in der Todeszelle gedichtet

Sein Lebensweg hat Paul Speratus von Rötlen nahe des ostwürttembergischen Ellwangen bis nach Königsberg geführt und von der Todeszelle im mährischen Olmütz auf den Bischofssitz im ostpreußischen Marienwerder. Der am 13. Dezember 1484 in Rötlen geborene Paul Hofer, der seinen Namen später in »Speratus« latinisierte, machte sich zu Lebzeiten einen Namen als reformatorischer Prediger und als Liederdichter, später als erster Bischof des soeben neu gebildeten Herzogtums Preußen. Heute ist ein Gemeindehaus in seiner Geburtsstadt Ellwangen nach ihm benannt, ferner erinnert an ihn noch das im Gesangbuch enthaltene Kirchenlied »Es ist das Heil uns kommen her«, das – 1523 in der Todeszelle in Olmütz gedichtet –zum Sturmlied der Reformation in vielen Städten geworden ist.

Speratus ist als uneheliches Kind wohl eines Hofherrn oder Priesters geboren worden; darauf deutet sein auch als »Hofherr« überlieferter ursprünglicher Familienname hin. 1506 empfing er die Priesterweihe. Er war später Prediger in Salzburg und heiratete dort eine Anna Fuchs: eheähnliche Verbindungen von Geistlichen waren am Vorabend der Reformation nicht selten. Weitere Wirkungsorte von Speratus sind in Basel, Dinkelsbühl und – als Domprediger – in Würzburg bezeugt.

Schon früh wandte sich der katholische Priester der Reformation zu. Am 12. Januar 1522 verteidigte er sogar öffentlich in einer Predigt im Wiener Stephansdom die Priesterehe. (Dies war die erste und bisher einzige evangelische Predigt, die jemals im Stephansdom gehalten wurde). Er wurde deswegen zwar exkommuniziert, wirkte aber anschließend dennoch als Reformator in Iglau/Mähren (heute Tschechien). Seine im Sinne Martin Luthers gehaltenen Predigten trugen ihm die Feindschaft des Landesherrn und des Bischofs von Olmütz ein. Speratus wurde eingesperrt und 1523 als Ketzer zum Verbrennen auf dem Scheiterhaufen verurteilt. In seiner Todeszelle verfasste er mehrere Briefe, mit denen er seine nun verwaiste Gemeinde tröstete, hier entstand auch sein bekanntestes Lied.

Einflussreiche Gönner erreichten, dass Speratus doch noch begnadigt wurde, er musste aber Mähren verlassen und kam nach Wittenberg. Hier wurde er Mitarbeiter von Martin Luther, der eben damals an seinem ersten Gesangbuch arbeitete. Sein 1524 herausgegebenes »Achtliederbuch« enthielt neben vier Liedern Luthers drei von Speratus. In Wittenberg begegnete Speratus auch Hochmeister Albrecht von Brandenburg-Ansbach vom Deutschritterorden, der auf Empfehlung Luthers sein Ordensland Ostpreußen eben in ein weltliches Herzogtum umwandelte und es reformierte. Er berief Speratus 1524 zum Hofprediger in Königsberg, 1531 zum ersten evangelischen Bischof von Pomesanien, das sich damals von Marienwerder an der Nogat bis nach Lyck in Masuren ausdehnte. In Marienwerder, wo er seinen Bischofssitz hatte, ist Speratus am 12. August 1551 verstorben, tags darauf wurde er in der Domkirche bestattet.

»Es ist das Heil uns kommen her« ist als einziges Lied von Speratus ins Kirchengesangbuch aufgenommen worden. Martin Luther hat es hoch geschätzt, weil in ihm das reformatorische Bekenntnis verdichtet enthalten ist. In ihm wird die Rechtfertigung allein aus Glauben, allein aus Gnade ebenso anschaulich deutlich wie das Verhältnis von Gesetz und Evangelium. Das leicht auswendig zu lernende Lied hat der Reformation in mehreren Städten, wie etwa Heidelberg und Magdeburg, den Boden bereitet.

Paul Fagius: Lehrer, Pfarrer und Reformator

Die große Liebe des Paul Fagius (1504 – 1549) gehörte der hebräischen Sprache. Als Hauptsprache des Alten Testaments war sie ihm geradezu »eine heilige Sprache« und für sie, ihre Pflege und Verbreitung hat er sich zeitlebens eingesetzt – als gelehrter Schriftsteller, als Lehrer und Erzieher, als Pfarrer und als Reformator. So ließ er in einer von ihm 1539 in Isny eingerichteten Druckerei die erste hebräische Bibel nach der Reformation drucken.

Heute ist Fagius nur noch Wenigen bekannt. Zu Lebzeiten war er aber als herausragender Kenner des Hebräisch europaweit berühmt. Als Reformator wollte er »ad fontes«, hin zu den Quellen, und darum die Heilige Schrift in ihren Ursprungssprachen. Lebenslang hat er sich mit Hebräisch intensiv beschäftigt mit Schriften der Rabbiner und deren Auslegungen des Alten Testamentes auch über die Bibel hinaus. Ein Zeitgenosse, der gelehrte Rabbiner und Humanist Elias Levita, nannte ihn »einen Kenner des Hebräischen, wie die Welt keinen zweiten habe«. Paul Fagius sei seinem Vornamensvetter, dem Apostel Paulus, ebenbürtig.

Die ungewöhnliche Hebräisch-Sprachbegabung des Fagius fiel bereits auf, als der 1504 in Rheinzabern geborene Sohn eines Lehrers und Ratsschreibers noch Paul Büchlein hieß und in Heidelberg studierte. Dort wurde der Student 1581 für die Sache der Reformation gewonnen. Bereits auf seiner ersten Stelle als Hebräisch-Lehrer in Straßburg wirkte er zusammen mit Martin Bucer in der für Oberdeutschland wichtigen Reichsstadt im Sinne des neuen Glaubens.

1527 wurde er, der seinen Nachnamen inzwischen in »Fagius« (Buche) latinisiert hatte, Schuldirektor in der Allgäu-Stadt Isny.

Die früh evangelisch gewordene Freie Reichsstadt bemühte sich mit anderen oberdeutschen Städten um eine Aussöhnung zwischen Luther und Zwingli im Abendmahlsstreit. Der hoch angesehene Fagius nahm für sie an mehreren Religionsgesprächen teil: Er war in Bern bei Zwingli mit dabei, auch bei der Wittenberger Konkordienverhandlung 1536 und ein Jahr später bei den Schmalkaldener Verhandlungen saß er mit am Verhandlungstisch.

Im Zuge der Gegenreformation musste Fagius 1549 aus Straßburg weichen. Er ging als Professor für Hebräisch an die Universität Cambridge und starb dort am 23. November 1549. Das Gerücht, er sei von Gegnern der Reformation vergiftet worden, verstummte nie. Unter der Herrschaft von Maria der Katholischen wenige Jahre später wurde Fagius in einem Schauprozess posthum zum Tode verurteilt, seine Gebeine wurden ausgegraben und öffentlich verbrannt. Bereits 1560 wurde er jedoch rehabilitiert. Heute erinnert eine Gedenktafel an der Universitätskapelle Cambridge an ihn.

Vom Nuntius des Papstes zum Vorkämpfer der Reformation

In der Tübinger Stiftskirche erinnert eine Tafel an den Diplomaten Peter Paul Vergerius (1498 – 1565). Er wandelte sich in einem langen, wechselvollen Leben vom Nuntius des Papstes zum Botschafter der evangelischen Sache, und der württembergische Herzog Christoph (1550 – 1568) hat ihn in Religionsangelegenheiten häufig eingesetzt. Vergerius gelang es, in Polen die Religionsfreiheit für Evangelische durchzusetzen. Er korrespondierte mit dem englischen Königshof, um Königin Elisabeth I. für ein Bündnis mit protestantischen Fürsten Europas zu gewinnen, und er verfasste zahlreiche Schriften, in denen er heftig gegen das Papsttum polemisierte. Die »Confessio Virtembergica« (das württembergische Glaubensbekenntnis) übersetzte er ins Italienische. 1555 veranlasste er den in Derendingen im württembergischen Exil lebenden slowakischen Pfarrer Primus Truber, die Bibel ins Slowenische zu übersetzen.

Der 1498 im venezianischen Capodistria geborene Vergerius studierte Jura in Padua, wurde Rechtsanwalt und trat – vielleicht veranlasst durch den frühen Tod seiner Frau – in den Dienst der Kirche. Er erreichte rasch hohe Stellungen und wurde 1533 päpstlicher Nuntius. Bei einer seiner Reisen nach Deutschland traf der kirchenreformfreundliche Diplomat 1535 in Wittenberg mit dem Reformator Martin Luther zusammen. Für seine Verdienste übertrug ihm der Papst den Bischofsstuhl von Modrusz/Kroatien, dann den seines heimatlichen Capodistria. 1540 gehörte der von der Kurie geschätzte Diplomat einer Gesandtschaft zum französischen Hof an; auf seiner Rückreise war er beim Wormser Religionsgespräch dabei.

Vergerius war selbst von der Notwendigkeit einer Reform der

(katholischen) Kirche überzeugt und trat auch in Wort und Schrift dafür ein. Er wurde deshalb denunziert und von der Inquisition angeklagt. Im Prozess wurde er zwar freigesprochen, die Kurie behielt sich jedoch die letzte Entscheidung vor: Vergerius war deshalb von der Teilnahme am Konzil in Trient ausgeschlossen. Er lehnte es ab, seine Überzeugung zu widerrufen, denn er hatte 1548 in Padua miterlebt, wie ein Advokat, Francesco Spiera, von der Inquisition gezwungen worden war, seinem evangelischen Glauben abzuschwören und danach in tiefer Verzweiflung über diesen Schritt gestorben war.

Vergerius begann nun, sich immer deutlicher gegen die Kurie zu wenden. Der Inquisitionsprozess gegen ihn wurde deshalb wieder aufgenommen. Er endete mit Verurteilung und Amtsenthebung. Vergerius floh zunächst in die Schweiz; Anfang 1550 wurde er evangelischer Pfarrer im Kanton Graubünden. Dort entfaltete er auch eine rege schriftstellerische Tätigkeit. Der entschieden evangelische württembergische Herzog Christoph wurde deshalb auf ihn aufmerksam und nahm ihn 1553 in seinen diplomatischen Dienst.

1565 ist Vergerius 67-jährig in Tübingen gestorben und in der Stiftskirche bestattet worden, was damals eine ganz besondere Auszeichnung war. Die Katholiken verfolgten ihn hasserfüllt als »Apostat« (Abtrünnigen), noch 1636 – während des 30jährigen Krieges – zerschlugen sie sein Grabmal. Nach über 300 Jahren wurde 1947 ein Rest davon bei Grabarbeiten in der Kirche gefunden; das Epitaph war umgedreht und als Bodenplatte verwendet worden. Es hat nahe dem Brautportal im Nordosten des Kirchenschiffs seinen Platz erhalten: 500 Jahre nach dem Geburtsjahr des ungewöhnlichen Mannes.

Nikolauskapelle Calw überlebte als Werkzeugschuppen

Die Reformation stellte »das Wort Gottes« in den Mittelpunkt. Alles, was davon ablenkte, war unerwünscht und wurde beseitigt. Wegkreuze, Brückenkapellen und Wallfahrtskirchen fielen der Spitzhacke zum Opfer, weil ihnen »das theure Gotteswort nicht regelmäßig« verkündet wurde (Befehl von Herzog Christoph).

Im evangelisch geprägten Altwürttemberg sind sie daher kaum mehr vorhanden. Überlebt haben nur wenige von ihnen, darunter die Nikolauskapelle in Calw.

Die 1052 von Papst Leo IX. bei seinem Deutschlandbesuch persönlich geweihte Brückenkapelle sollte natürlich ebenfalls abgerissen werden. Man ließ sie aber vorübergehend stehen, weil die Stadt eine Hütte brauchte, in der ihre Arbeiter ihre Besen, Schaufeln, Schubkarren und dgl. unterstellen konnten. Daher schob man den bereits geplanten Abbruch der Kapelle »vorerst« auf. Dieses »vorerst« dauerte von der Mitte des 16. bis zur Mitte des 20. Jahrhunderts: So lange diente das Bauwerk recht profanen Zwecken. Erst im 20. Jarhundert entdeckte man in Calw, was für ein Baujuwel die Nikolauskapelle doch ist, und heute zählt sie mit zu den Sehenswürdigkeiten der Nordschwarzwaldstadt.

Der Hochaltar von Blaubeuren sollte zerstört werden

Auf die Reformation folgte ein allgemeiner Bildersturm. Aus Kirchen und Kapellen sollte alles entfernt werden, was nicht mit der Verkündigung des »theuren Gotteswortes« (so Herzog Christoph) in Einklang zu bringen war oder von ihm ablenken konnte. So wurden Wallfahrtskirchen und Brückenkapellen abgebrochen, eben, weil in ihnen das »theure Gotteswort« nicht regelmäßig verkündet wurde. Die bestehenden Kirchen wurden »gereinigt«, es wurde alles entfernt, was vom Hören auf das Wort Gottes ablenken konnte. Deshalb sind etwa Heiligenbilder übermalt und viele Kunstwerke zerstört worden. Dabei hat man aus heutiger Sicht oft des Guten zuviel getan.

Nicht jedem Kunstwerk erwuchs rechtzeitig ein Retter, wie es bei dem Blaubeurener Hochalter – glücklicherweise – der Fall war. Der unmittelbar vor der Reformation entstandene Altar gilt als eine der gewaltigsten Schöpfungen seiner Zeit, und er wird in einem Atemzuge mit Werken von Veit Stoß oder Tilman Riemenschneider genannt. Ihn haben im ausgehenden Mittelalter die in hohem Ansehen stehenden Ulmer Maler- und Bildhauerwerkstätten geschaffen: Er ist ein Meisterwerk, ein Wunder an Farbigkeit, an Glanz und mitreißender Inszenierung. Im Bildersturm-Eifer der Reformation sah man freilich in ihm zuerst ein »abgöttisch Götzenbild«, das fromme Christen zum Aberglauben verführen konnte und wegen seiner »schrecklichen Irrungen« (Irrtümer) und »Greuel« beseitigt werden müsse.

Matthäus Alber, der erste evangelische Abt des Klosters, der uns schon als der Reformator der Reichsstadt Reutlingen begegnet ist, ignorierte aber mutig den Zerstörungsbefehl. Im Jahr 1565, also bereits Jahrzehnte, nachdem die Reformation in Württemberg eingeführt worden war, kam aber Herzog Christoph nach Blaubeuren. Dort ärgerte er sich, als er in der Klosterkirche noch immer »die vill altar und abgöttisch bilder samt dem götzenheuslin« bemerkte. In deutlichen Sätzen ordnete er an, sie »solden hinweg gethan werden"; Alber blieb aber standhaft. Ihm verdankt der berühmte Hochalter sein Überleben, und bis heute steht er im Chor der einstigen Klosterkirche an seinem ursprünglichen Standort.

Der Heilige Antholianus überlebte in einer zugemauerten Nische

Die uralte Antholianuskirche in Filderstadt-Plattenhardt ist das einzige Gotteshaus in Deutschland, das mit seinem Namen an einen Antholian erinnert, der um das Jahr 300 als Glaubensmärtyrer im französischen Clermont-Ferrand starb. Missionare aus diesem Gebiet brachten das Christentum und die Erinnerung an Antholian in der zweiten Hälfte des achten Jahrhunderts auf die Fildern. Zwischen 1050 und 1100 entstand in Plattenhardt eine nach ihm benannte einschiffige romanische Saalkirche, die nach Um- und Erweiterungsbauten im 15. und im 19. Jahrhundert ihre heutige Größe erhielt.

Bis zur Reformation war eine Heiligenfigur des Antholian das Schmuckstück der Kirche. Als nach der Reformation aus Gotteshäusern alles entfernt wurde, was auch nur entfernt an Messe und Heiligenverehrung erinnern konnte, verschwand die Figur. Man nahm an, dass sie dem in Württemberg allerdings recht gemäßigt verlaufenen Bildersturm zum Opfer gefallen war. Bei der Kirchenrenovierung der Jahre 1964/65 kam Antholian aber wieder zum Vorschein: Listige Plattenhardter hatten den offenbar beliebten Heiligen im 16. Jahrhundert nicht hinauswerfen wollen. Sie stellten ihn im Blick auf den Altar in eine Sakramentsnische, mauerten diese dann zu und übertünchten sie. Der Heilige geriet so bald in Vergessenheit, er überstand aber heil und unversehrt hinter seiner Mauer die Zeit von 1534 bis 1964. Bei der Kirchenrenovierung kam er dann wohlbehalten wieder ans Tageslicht.

Die Fasnet galt als Narretei: Keine Freude an den »tollen Tagen«

Die Reformation veränderte das Leben tief greifend. So hörten etwa die biblisch nicht begründbaren Wallfahrten auf. Das bedeutete, das der bis dahin blühende »Wallfahrtstourismus« mit Gaststätten und Herbergen weithin verödete. Aber auch der Alltag wurde verändert: So schafften die Reformatoren z. B. eine Vielzahl von Feiertagen ab. Auch vor der Fasnet machten sie nicht Halt, und in evangelischen Bereichen haben die »tollen Tage« denn auch keine Tradition.

Sie begannen in der katholischen Kirche ursprünglich als Schwellenfest vor dem Beginn der 40-tägigen Fastenzeit vor Ostern, in der Nacht auf Aschermittwoch. Das lässt sich aber mit evangelischer Theologie nicht vereinbaren. Hier zählt allein die Bibel (»sola scriptura«), nicht aber von Menschen gepflegtes Brauchtum. So hat es für Martin Luther für die Fastenzeit keinerlei biblische Rückbindung gegeben. In der Bibel ist zwar die Rede davon, dass Christus 40 Tage in der Wüste gefastet hat, aber dass deshalb vor Ostern gefastet werden soll, steht nirgendwo. Da es für Evangelische also von Anfang an keine Fastenzeit gab, entfiel auch die Fastnacht,, obgleich Martin Luther entgegen einer weit verbreiteten Meinung nie ein explizites Fastnachtsverbot ausgesprochen hat.

Das Faschingsfest erklärte die katholische Kirche im Mittelalter mit Augustins Lehre vom Zwei-Staaten-Modell. Die Fastnacht stand damals für die »civitas diaboli«, den Staat des Teufels. Mit dem Aschermittwoch hat dann die Herrschaft der »civitas die«, des Gottesstaates, begonnen, der über den Teufelsstaat siegreich bleibt. Dabei hat die Kirche damals die oftmals ausartende Fastnacht geduldet, um zu zeigen, dass die »civitas diaboli« wie auch der Mensch vergänglich sei und am Ende Gott siegreich bleibe. Luther dagegen vertrat die Ansicht, Menschen sollten überhaupt den Kontakt mit dem Bösen meiden – auch am Fasching. Gerade in Alt-Württemberg setzte sich immer mehr die evangelische, faschingslose Mentalität durch, und die Menschen verloren langsam das Interesse an den tollen Tagen. Dazu trug später auch noch der Pietismus bei, für den die Fastnacht Sünde und Teufelswerk war.

Erst im frühen 19. Jahrhundert kam mit dem katholischen Oberschwaben auch der Fasching wieder in württembergische Gebiete. Die Bevölkerungsverschiebung und -vermischung nach dem Zweiten Weltkrieg beseitigte die zuvor konfessionell weitgehend einheitlichen Wohngebiete fast völlig, und im Zuge der Spaßgesellschaft des späten 20. Jahrhunderts wurden die »tollen Tage« auch in Alt-Württemberg neu belebt – durchaus nicht immer zu ihrem Vorteil.

Das Bekreuzigen war verboten

Das Kreuzschlagen im Gottesdienst war im evangelischen Württemberg Jahrhunderte lang verpönt. Es galt als »katholisch« und war deshalb geradezu geächtet. Als nach dem Zweiten Weltkrieg mit den Vertriebenen evangelische Geistliche ins Land kamen, die sich nach bei ihnen üblich gewesenen Brauch bekreuzigten, verbot der Evangelische Oberkirchenrat noch im Jahre 1950 »das auch bei evangelischen Geistlichen um sich greifende Bekreuzen« als »unzulässige Veränderung der geltenden württembergischen Gottesdienstordnung«. Dieses Verbot wurde offiziell erst im Jahre 1997 aufgehoben.

Die »Lutherischen Berge« erinnern an Konfessionswechsel

Der Reformator Martin Luther war nie in Württemberg. Dennoch gibt es hierzulande die »Lutherischen Berge«. Diesen Namen trägt eine stille Landschaft wenige Kilometer westlich von Ulm, wo die Schwäbische Alb zur Donau hinabsteigt. Der Höhenzug deckt eine Fläche von etwa 70 Quadratkilometern, begrenzt im Norden und Osten vom Flusstal der Schmiech, westlich und südlich von der Bundesstraße 465. Nur wenige Dörfer verlieren sich auf der hügelbedeckten Hochfläche. Sie gehörten einst den Herren von Freyberg, die auf Burg Steußlingen residierten. Als das Geschlecht im Jahre 1581 erlosch, fiel alles an das evangelische Haus Württemberg, das die neue Lehre auch hier einführte. In den Tälern drumherum blieb die Welt katholisch, die Lutheraner saßen oben. Das führte dann auch zu dem konfessionellen Namen für die Berge.

Im einstigen konfessionellen Grenzgebiet haben sich solche Bezeichnungen bis heute erhalten. So kann man etwa am Rande Oberschwabens auch in evangelischen Orten »katholische Wecken« essen. »Katholische Knöpfla« stehen auch noch gelegentlich auf der Speisekarte, während man im Nachbarort »lutherische Spätzle« bestellen kann. So wird deutlich, welcher Konfession die jeweiligen kulinarischen Genüsse zu verdanken sind.

Der neue Glaube führte zu neuen Konflikten

Das Herzogtum Württemberg wurde 1534 reformiert, als Herzog Ulrich nach 15-jährigem Exil in einer für ihn günstigen politischen Konstellation die katholischen Habsburger mit Hilfe seines Freunde Philipp von Hessen vertreiben konnte. So steht es in jedem Lehrbuch. Tatsächlich dauerte es aber Jahrzehnte, bis der neue Glaube überall im Herzogtum eingeführt war. Besonders im Grenzgebiet zum außerwürttembergischen und andersgläubigen »Ausland« brachte der neue Glaube aus den verschiedensten Gründen zuvor ungekannte Schwierigkeiten.

Die Reformation war mehr als »nur« ein Konfessionswechsel: Sie führte zu spürbaren Veränderungen über das rein Religiöse hinaus. So schafften die Reformatoren etwa Wallfahrten, Prozessionen und die Fasnet ab, weil sie ihnen biblisch nicht begründet erschienen. Das hatte erhebliche Auswirkungen auf das Wirtschaftsleben: Seit Jahrhunderten stark frequentierte Pilgerwege verödeten, zahlreiche Berufe starben aus.

Auch konnte es in dem komplizierten Rechtsgeflecht des damaligen Deutschen Reiches Probleme geben, wenn etwa eine Gemeinde mehrere Eigentümer von unterschiedlicher Konfession hatte und es daher in einem Ort verschiedene Konfessionen gab – damals absolut nicht ungewöhnlich.

Schwierig wurde es auch, wenn unterschiedliche Ansprüche miteinander kollidierten und etwa das Recht, den örtlichen Pfarrer zu bestimmen (Patronatsrecht) in einer evangelischen Gemeinde in Händen eines katholischen Rechtsinhabers lag – oder umgekehrt. Gegenüber kleineren Herrschaften setzten sich die württembergischen Beamten meist durch, indem sie einfach die Rechte anderer missachteten, wenn ihnen aber ein mächtiger Widerpart – wie etwa ein einflussreiches Fürstenhaus oder Kloster - entgegentrat, blieben deren Gemeinden oft beim alten Glauben.

Die Reformation der Klöster verlief ebenfalls durchaus uneinheitlich: wohl nahmen zahlreiche Mönche den neuen Glauben an oder sie verließen Kloster und Land, viele Nonnen blieben aber hartnäckig beim alten Glauben – auch, weil sie außerhalb des Klosters keine Perspektive mehr für sich sahen. Die Württemberger konnten hier nur die Aufnahme neuer Novizinnen verbieten und zuwarten, bis die Frauenklöster buchstäblich leer gestorben waren – was sich oft über Jahrzehnte hinzog, weil viele Nonnen schon im Kindesalter ins Kloster gesteckt worden waren. So starb etwa das Klarissenkloster in Pfullingen erst 1595 aus, die letzte Nonne in Offenhausen starb erst 1613. Erst dann konnten die Klöster geschlossen und ihr Eigentum vom Herzogtum Württemberg kassiert werden.

Ein zusätzliches Problem bereitete schließlich ab 1582 die unterschiedliche Zeitrechnung in evangelischen und katholischen Gebieten. Der auf einen Papst zurückgehende »Gregorianische« Kalender war von allen Katholiken widerspruchslos eingeführt, von den meisten evangelischen Landesherren aber zunächst als »papistisch« abgelehnt worden. Besonders in Württemberg blieb man mit eigensinniger Hartnäckigkeit noch bis 1700 beim althergebrachten Julianischen Kalender. So lebten Evangelische und Katholische wegen verschiedener Sonn-, Fest- und Feiertage schließlich fast beziehungslos nebeneinander her.

Die unterschiedliche Zeitrechnung führte aber gerade in Grenzgebieten zu großen Schwierigkeiten. Knechte und Mägde gerieten in Gewissensnöte, wenn sie an einem für sie »heiligen« Tag arbeiten sollten, umgekehrt war es für ihren Herrn oft nicht einfach, sie dann aufs Feld zu schicken, wenn es für ihn Sonn- oder Feiertag war. Ärgerlich war auch, wenn etwa katholische Bauern ihre im evangelischen Bereich liegenden Felder bearbeiteten, wenn dort gerade der arbeitsfreie Sonntag war (und umgekehrt). Die Mühlen in Honau, zu deren Einzugsbereich auch katholische Orte zählten, bekamen häufig an evangelischen Feiertagen Korn zum Mahlen aus katholischen Gebieten angeliefert, das sie nach dem herrschenden »Mahlzwang« auch verarbeiten mussten. Um die Sonntagsarbeit zu vermeiden, bat deshalb der Schultheiß (Bürgermeister) von Honau auch die katholischen Gemeinden im Mühlen-Einzugsbereich, sich doch bitte nach dem evangelischen Kalender zu richten.

Jeder dritte Tag war ein Feiertag

Die »gute alte Zeit« hat es zumindest im Blick auf die Feiertage tatsächlich gegeben. Im Heiligen Römischen Reich Deutscher Nation zählte man am Vorabend der Reformation etwa 100 kirchliche Sonn- und Feiertage im Jahr; an ihnen zelebrierte eine überreich gewordene Kirche glänzende Prachtentfaltung. Dazu kamen Prozessionen und Wallfahrten, Oster- und Totentanzspiele, eine umfassende Heiligenverehrung und ein ausufernder Reliquienkult: Kurfürst Friedrich der Weise besaß im Jahre 1520 insgesamt 19 013 Reliquien, die ihm für zwei Millionen Jahre Ablass von Sündenstrafen verbürgen sollten.

Über all dem fand aber die Kirche keine überzeugende Antwort auf die innere Unruhe und die Lebensängste des einfachen Volkes, das wegen ihm unfasslicher Umbrüche bisheriger Lebens- und Weltvorstellungen tief verängstigt war. Deshalb lief die Reformation mit ihrer Rückkehr zum unverkürzten Wort Gottes wie ein Flächenbrand übers Land. Das hatte auch eine durchgreifende Neugestaltung des öffentlichen Lebens zur Folge.

Da die Reformatoren alles am Wort der Bibel maßen, schafften sie alles ab, was ihnen von dort her nicht begründet erschien. So wurde etwa die Fasnet gestrichen. Sie hat daher im evangelischen Bereich keine Tradition. Aus Kirchen wurden »ärgerliche Bilder« entfernt (Heiligenbilder, die den Gottesdienstteilnehmer ablenken konnten), Ablasshandel, Reliquienkult, Prozessionen, Wallfahrten und Heiligenfeiertage wurden ersatzlos gestrichen, da sie als Werkgerechtigkeit verstanden wurden. Im evangelischen Bereich gab es deshalb im 16. Jahrhundert ein großes Feiertagssterben: im Wesentlichen blieben dort bis ins 19. Jahrhundert lediglich die Apostel- und die Marienfeiertage erhalten.

Wo man Festtage der römischen Kirche nicht abschaffen konnte, wurden sie in evangelischem Sinne umgedeutet und umbenannt. Aus dem (katholischen) Dreikönigstag am 6. Januar wurde so das (evangelische) Erscheinungsfest. Als neuer evangelischer Feiertag entstand das Reformationsfest am 31. Oktober, dem Tag, an dem Martin Luther seine 95 Thesen an die Schlosskirche zu Wittenberg anschlug. Dieses Fest wurde Jahrhunderte lang als »Reformationsjubelfest« mit deutlich antikatholischer Akzentsetzung gefeiert. So wurde bis in die Zeit nach dem Zweiten Weltkrieg beziehungsvoll über die Tempelreinigung Jesu gepredigt.

Auf katholischer Seite blieb es – auch nachdem sich diese Kirche auf dem Konzil in Trient grundlegend gereinigt und reorganisiert hatte – bei den Heiligenfeiertagen. Neu dazu kam noch das Fronleichnamsfest, an dem sich die Kirche so prächtig und glanzvoll darstellte wie nur möglich, um so die eigene Macht darzustellen und die Andersgläubigen zu beeindrucken.

Die Abschaffung vieler Feiertage war eine Voraussetzung für das im Bereich des früheren Altwürttemberg bis heute zu beobachtende Arbeitsethos. Dabei »arbeitete« man nicht (für das Wort »arbeiten« gibt es bezeichnenderweise im schwäbischen Dialekt keine Entsprechung), sondern man »schafft«. Im Schaffen weiß sich der Schwabe seinem Schöpfer viel näher. Es ergab sich ganz von selbst, dass man fleißiger war als die andern – auf die man denn auch verächtlich herabsah.

Ein zweites Feiertagssterben gab es im 19. Jahrhundert. Die Industrialisierung mit ihrer regelmäßigen Arbeitszeit ließ nur noch wenig von den meist nur noch als »Halbfeiertagen« mit einem Gottesdienst am Vormittag begangenen Apostel- und Marienfeiertagen übrig; sie wurden so nach und nach aufgegeben, überlebten vereinzelt aber als Markttage, die mit einem Gottesdienst eröffnet wurden. So gibt es bis heute an manchen Orten noch den Andreas-, den Jakobus- oder den Martinsmarkt.

Ist durch die zunehmende Verstädterung im 19. Jahrhundert viel altes Brauchtum untergegangen, so hat auch das Zusammenwachsen der lange zersplitterten evangelischen Gebiete ab 1871 für so manchen Feiertag das Aus gebracht. So gab es etwa 1878 in 28 evangelischen Gebieten des Deutschen Reiches 47 unterschiedliche Bußtage an 24 verschiedenen Terminen. An ihre Stelle trat ab 1934 der Buß- und Bettag am Mittwoch vor dem letzten Sonntag des Kirchenjahres. Ihn führte pikanterweise die nicht eben kirchenfreundliche NS-Regierung ein. Sie griff damit auf einen Vorschlag aus dem evangelischen Bereich zurück. Dieser Feiertag ist jetzt fast überall gestrichen worden: Buße ist leider heute nicht mehr gefragt.

Nur im Bereich des einst entschieden evangelisch geprägten Württemberg gibt es noch immer einen »Landesbußtag« am Sonntag Invokavit, der am Beginn der Passionszeit steht. Er ist der letzte von einst zwölf in Württemberg landesweit verordneten Bußtagen (jeden Monat hatte man einen), und er hat natürlich viel von seiner einstigen Bedeutung eingebüßt.

Langer Weg zum gemeinsam genutzten Gotteshaus

Die älteste Simultankirche Deutschlands steht im oberschwäbischen Biberach. Seit 1548 steht dort in der Stadt die fast 700-jährige gotische Martinskirche mit ihrer barocken Ausstattung der evangelischen und der katholischen Kirchengemeinde zu gleichen Teilen zur Verfügung. Die Nutzung des Gotteshauses ist sorgfältig und penibel bis ins Einzelne geregelt.

So »gehört« das Kirchenschiff den Konfessionen gemeinsam. Katholiken verfügen über den Chor, Protestanten über die Sakristei, den früheren Nonnenschopf. Zwei getrennte elektrische Stromzähler sind eingebaut, von denen der jeweilige Mesner den seinen vor Beginn des Gottesdienstes einschaltet. Auch die Reinigung ist korrekt geteilt. Katholiken putzen links, Protestanten rechts. Auf der Empore wechseln sich die Konfessionen ab.

Die Ursprünge des Biberacher Simultaneums reichen zurück ins Jahr 1531. Damals führte die Freie Reichsstadt die Reformation ein und der Magistrat beschloss, die Hauptkirche, dem heiligen Martin und der Jungfrau Maria geweiht, ausschließlich den Protestanten zu überlassen. Nach dem Augsburger Interim vom 30. Juni 1548 mussten aber neben den evangelischen Gottesdiensten wieder katholische Messfeiern zugelassen werden.

Dabei ist es im Prinzip bis heute geblieben; Biberach blieb auch über den »Augsburger Religionsfrieden« von 1555 hinweg bikonfessionell, und am Ende des 30-jährigen Krieges wurde im Westfälischen Frieden 1648 die Simultaneität »für alle Zeiten« festgeschrieben. Die »Biberacher Parität« garantierten der (katholische) Kaiser und der (evangelische) König von Schweden.

Sie regelte aber nicht nur die gemeinsame Nutzung der Stadtkirche, sondern sie bestimmte auch, dass alle städtischen Ämter einschließlich Gerichts- und Ratspositionen doppelt mit je einem Protestanten und einem Katholiken zu besetzen seien. Den Scharfrichter und den Totengräber leistete man sich immer nur einmal.

Erst das Ende des Heiligen Römischen Reiches Deutscher Nation durch Napoleon beendete zu Beginn des 19. Jahrhunderts die »Biberacher Parität. Das Simultaneum an der Martinskirche aber blieb, auch weil keine Konfession die Hallenkirche mit den Fresken des Johann Zick der anderen überlassen mochte. So war man gezwungen, sich zusammenzuraufen.

Langer Weg zum Miteinander

Das dauerte seine Zeit. Da überzog schon mal ein Pfarrer die vereinbarte Gottesdienstdauer und ließ den Bruder im Amte mit seiner Gemeinde draußen vor der Tür im Schneetreiben warten. Protestantische Schulbuben warfen der katholischen Fronleichnamsprozession dampfende Pferdeäpfel in die Reihen, und katholische Hausfrauen machten sich ausgerechnet am evangelischen Karfreitag auffallend ausgiebig ans Fensterputzen. Mord und Totschlag aber hat es aber wegen des Simultaneums nie gegeben, betonen die Pfarrer heute.

Auch im Zeitalter der Ökumene sind im Umgang miteinander noch immer Verständnis und guter Wille auf beiden Seiten vonnöten, um die Simultaneität nicht zu gefährden. So war es lange nicht möglich, eine evangelische Bibel auf einem auch von katholischer Seite genutzten Altar auszulegen. Seit 1999 liegt aber eine Bibel mit einer vom evangelischen und vom katholischen Bischof gemeinsam unterzeichneten Widmung auf dem Altar.

Biberach war mit Augsburg, Ravensburg und Dinkelsbühl eine von insgesamt vier Reichsstädten, in denen nach den anfänglichen Irrungen und Wirrungen die römisch-katholischen und die evangelisch-lutherischen Christen (nicht aber die Protestanten reformierter Schweizer Prägung) schließlich gleichberechtigt nebeneinander her und schließlich auch miteinander lebten. Zur Zeit des 1555 abgeschlossenen Augsburger Religionsfriedens hatte sich in keiner dieser Städte eine Konfession als die alleinige durchgesetzt. Deshalb kam es in diesen vier Städten (und nur in ihnen) zur konfessionellen Gleichberechtigung. Sie wurde in den einzelnen Stadtverfassungen sorgsam austariert und zeigte sich etwa daran, wie die öffentlichen Ämter gleichberechtigt (paritätisch) zwischen Katholiken und Evangelischen aufgeteilt wurden.

Die Regelungen konnten sehr ins Einzelne gehen und bis hin zu Angelegenheiten von Schule, Spital, Gebäudenutzung und -unterhaltung reichen. So wurde etwa im Zuge dieser Austarierung in Ravensburg der erste Friedhof überhaupt möglich, in dem sich Angehörige beider Konfessionen bestatten ließen. In Nachbarorten, die erst 1806 zu Württemberg kamen und bis dahin ihre katholische Tradition ungebrochen bewahrt hatten, mussten anfangs für die neu zugezogenen »Ketzer« eigene Friedhöfe angelegt werden – sie gibt es teilweise bis heute.

Heute lösen diese Regelungen oft Kopfschütteln aus und wirken kleinlich: Für die damalige von konfessionellen Streitigkeiten und Zänkereien oft blutig zerrissene Zeit bedeuteten sie einen großen Fortschritt, und sie hätten – wären sie überall zustande gekommen – Deutschland den verheerenden 30-jährigen Krieg (1618-1648) erspart.

Lehrer konnten nicht lesen und schreiben

Bereits Martin Luther hatte gefordert, jeder Christ solle selbst die Bibel lesen können. Schulen gab es damals meist nur in den Städten, der Schulbesuch war ein viel beneidetes Privileg derer, die es sich leisten konnten. Nachdem in Württemberg 1534 die Reformation Fuß gefasst hatte, wurde bald ein flächendeckendes Schulwesen eingeführt, um Luthers Forderung zu verwirklichen. Bereits unter Herzog Ulrich entstanden eine Vielzahl »Teutscher Schulen« (der Name zeigt, dass in ihnen, anders als in den Lateinschulen, in deutscher Sprache unterrichtet wurde). Ihre Hauptaufgabe war es, das Volk an den neuen Glauben heranzuführen und den evangelischen Gottesdienst einzuüben. Daneben wurde Lesen und Schreiben gelehrt.

Die Schule sah man daher als eine Angelegenheit der Kirche. Das schlug sich dann im Unterricht nieder, wenn etwa anhand biblischer Geschichten Lesen eingeübt wurde oder beim Rechnen Aufgaben aus der Bibel zu lösen waren. So konnte in den ersten Klassen z. B. auf Verse im 5. Buch Mose verwiesen werden, in denen berichtet wird, Adam sei 130 Jahre alt gewesen, habe dann noch einen Sohn gezeugt und danach noch 800 Jahre gelebt. Zu errechnen war dann das Gesamtalter Adams.

In höheren Klassen mussten die Schüler aus der Bibel die Kosten des Tempelbaus und die deswegen erfolgte prozentuale Steuererhöhung berechnen. Auf diese Weise wurde viel biblisches Wissen vermittelt, und die Bedeutung der Schulen für die Verankerung des evangelischen Glaubens in Württemberg kann nur schwer überschätzt werden.

Die Gemeindepfarrer hatten lange die Dienst- und Fachaufsicht über die Schulmeister. In den meist kleinen Gemeinden erteilten sie den Unterricht selbst, in größeren wurden Schulmeister eingestellt, nachdem sie ihre Lehre abgeschlossen und dann beim Dekan die Prüfung abgelegt hatten.

Bei den ersten Dorfschulmeistern gab es jedoch noch Probleme eigener Art, weil mit dem neu entstehenden Schulnetz ein rascher Bedarf an Lehrkräften entstand. Das konnte sich dann so auswirken, dass anfangs Schulmeister nicht lesen und nicht schreiben konnten. Davon berichtet der nachstehende Auszug aus einem Visitationsbericht (ins heutige Deutsch übertragen):

»Der Schulmeister ist fleißig und tüchtig, er hält die Schüler in guter Zucht und ist ihnen ein gutes Vorbild. Wäre freilich zu wünschen, dass er auch lesen und schreiben könnte.«

Die Rettiche von unten betrachten

(Alt-)Württemberg ist das erste Land in Europa, in dem ein flächendeckendes Schulnetz aufgebaut und später die allgemeine Schulpflicht für Jungen und Mädchen (!) eingeführt wurde. Das war eine der Folgen der Reformation: Nach Luthers Worten sollte jeder Christ in der Lage sein, die Bibel selbst zu lesen. Vorher war Schulbildung ein Vorrecht gewesen, das sich meist nur Reiche in den Städten leisten konnten. Nun wurde zügig ein Netz von Dorfschulen aufgebaut. Vor der Reformation hatte es in ganz (Alt-) Württemberg drei Dorfschulen gegeben, gegen Ende des 16. Jahrhunderts gab es aber ein flächendeckendes Schulnetz, und ab etwa 1600 hatte jeder – auch der kleinste Pfarrort – seine Schule.

Den Unterricht in kleinen Gemeinden erteilte der Pfarrer, in den großen Gemeinden und Städten wurden »Schulmeister« angestellt. Problematisch wurde es in jenen Gemeinden, die zu groß waren, um dem Pfarrer den Schulunterricht aufzuerlegen, und zu klein, um einen Schulmeister anzustellen und zu besolden. Die Schulmeister waren aber meist dringend auf Einnahmen angewiesen, hatten sie doch oft zahlreiche Esser am Tisch. Neben der eigenen Familie zählte dazu oft die des Vorgängers. Wollte jemand Schulmeister werden, so erwartete man ganz selbstverständlich von ihm, dass er die Witwe des Vorgängers heiratete, damit sie und ihre Kinder versorgt waren.

Die Schulmeister gerade mittelgroßer Gemeinden waren daher auf Nebeneinkünfte angewiesen. Man übertrug ihnen deshalb alle möglichen Ämter und Aufgaben, etwa das des Mesners oder des Organisten. Schulmeister waren häufig auch Dorfschreiber, Kleinstlandwirte oder Totengräber. Dafür hat man ihnen örtliche Gerechtigkeiten, etwa die Nutzung bestimmter Grundstücke, Äcker oder Wiesen überlassen. Dazu konnte auch der Friedhof gehören. Der Lehrer bestellte den noch nicht mit Gräbern belegten Platz und säte dort seine Rettiche ein. Wohl ließ er anstandshalber Platz frei, aber es konnte schon vorkommen, dass er – wenn es mehr Todesfälle gab, als er einkalkuliert hatte – später ein bestelltes Beet umgraben und in ein Friedhofsgrab verwandeln musste. So entstand die bis heute gebräuchliche Redensart von dem, der die Rettiche von unten besieht.

Die Klosterschulen prägten das Land

Die ehemaligen evangelischen Klosterschulen und späteren Seminare haben das geistige und geistliche Klima Württembergs auf kaum zu überschätzende Weise geprägt. In anfangs 13 Klosterschulen, die 1556 durch Herzog Christoph in früheren Klöstern errichtet wurden, erhielten 200 begabte Buben aus allen sozialen Schichten eine gediegene humanistische Schulausbildung. Die meisten wurden von dort zum Theologiestudium an das 1536 errichtete Tübinger Stift geführt. Aus Einsparungsgründen wurden allerdings bereits 1583/84 die ersten drei, 1594/95 weitere fünf Klosterschulen wieder geschlossen. Zu Beginn des 19. Jahrhunderts wurden die Klosterschulen in Blaubeuren, Denkendorf, Bebenhausen und Maulbronn in Seminare umgewandelt: Denkendorf und Bebenhausen wurden geschlossen, Schöntal und – im Jahr 1818 – Urach neu eröffnet. Heute gibt es noch Seminare in Maulbronn und Blaubeuren.

Die Seminare und Klosterschulen haben eine bedeutende Rolle nicht nur für Verankerung des evangelischen Glaubens in Württemberg (vier von fünf Pfarrern der württembergischen Kirche waren damals Seminaristen). Auch für das deutsche Geistesleben spielten sie eine beträchtliche Rolle; die Zahl berühmter Klosterschüler oder Seminaristen ist groß. Zu ihnen gehören Johannes Kepler, Friedrich Hölderlin, Friedrich Wilhelm Schelling, Wilhelm Hauff, Nikodemus Frischlin, Johann Albrecht Bengel oder auch Eduard Mörike.

Weltweit einmalig: die Pflanzstätte schwäbischen Geistes

Das Tübinger Stift, die weltberühmte »Pflanzstätte schwäbischen Geistes«, ist untrennbar mit der Geschichte des evangelischen Württemberg verbunden. Es stand seit seiner Gründung (seiner »Stiftung«) an der Spitze der Bildungspyramide des Landes. Es ist ein Wohn- und Studienhaus für evangelische Württemberger; seine Bedeutung für die Verankerung des evangelischen Glaubens kann gar nicht überschätzt werden.

Ihm ist es mit zuzuschreiben, dass der altwürttembergische Staat zeitweise die führende Macht unter den evangelischen Reichsständen war, und es hat maßgeblich dazu beigetragen, dass sich Württemberg – einziger evangelischer Territorialstaat südlich der Mainlinie – zum viel bewunderten und viel bespöttelten »Lutherisch Spanien« entwickelte. Es hat namhafte Wissenschaftler, Dichter, Denker und Erfinder hervorgebracht und das europäische Geistesleben über Jahrhunderte nachhaltig beeinflusst.

Der württembergische Herzog Ulrich rief nach seiner Rückkehr in das bis dahin vom katholischen Habsburg besetzte Herzogtum durch seine »Stipendiatenordnung« vom 15. Februar 1536 das Stift ins Leben, weil er gut ausgebildete Pfarrer und Beamte brauchte. In dem seit 1547 in den Räumen eines ehemaligen Augustiner-Eremitenklosters untergebrachten Wohn- und Studienhaus ist Platz für etwa 150 Studenten. Seit Beginn stand das Haus nur evangelischen Landeskindern offen – dazu gehörten auch Studenten aus Mömpelgard, das ja bis zur französischen Revolution zu Alt-Württemberg gehörte.

Stiftler wurde man aufgrund seiner Begabung und Leistung: So gab es im 16. Jahrhundert unter den Stiftlern Söhne von Leibeigenen, Handwerkern, Bauern und Bürgern. Sie konnten im Stift bis zu neun Semester kostenlos wohnen, essen und arbeiten, sorgsam von wissenschaftlichem Begleitpersonal betreut und weitergebildet.

Die meisten Stiftler studieren Theologie; Männer wie Johann Valentin Andreae und Johann Albrecht Bengel sind ebenso durch das Stift gegangen wie die Philosophen Hegel und Schelling, die Dichter Hölderlin und Mörike und der Erfinder Wilhelm Schickhardt, der die erste funktionierende Rechenmaschine der Welt ersann und baute.

Die »Pflanzstätte schwäbischen Geistes« wurde weltberühmt, aber auch durchaus unterschiedlich beurteilt. Rühmte es einst ein württembergischer Landtag als »erstes Kleinod im Lande«, so prägte Friedrich Nietzsche im Blick darauf sein Wort vom »Bildungsphilister«. Galt es – vor allem in den unruhigen späten 60er und den frühen 70er Jahren des 20. Jahrhunderts – als »linke Kaderschmiede«. 1973 billigte die damalige Landessynode mit nur drei Stimmen die zum Weiterbestehen des Stifts notwendigen Gelder;so ist es jetzt wieder als renommierte und traditionsreiche Ausbildungsstätte anerkannt, die der Landeskirche lieb und teuer ist und die sie sich jedes Jahr mehrere Millionen kosten lässt.

Die ersten Bücher wurden in Fässern angeliefert

Musiknoten waren im Jahre 1543 die ersten Anschaffungen für die Bibliothek des 1536 gegründeten Evangelischen Stifts in Tübingen – ein Zeichen für den von Anfang an hohen Stellenwert der Kirchenmusik in den reformatorischen Kirchen. Die ersten theologischen Stifts-Bücher wurden im Jahre 1557 in drei Fässern angeliefert: Die rund 300 Bände waren dem Stift von Michael Tiffern, dem Freund und langjährigen Berater von Herzog Christoph, testamentarisch vermacht worden. Sie waren die ersten von ungezählten Erbschaften, die seitdem den Bücherbestand anwachsen ließen.

Heute gehören rund 130.000 Bände zur Stifts-Bibliothek, 30 000 davon gehören zum so genannten »Altbestand« aus den Jahren vor 1900. Darunter befinden sich wertvollste Unikate, denn das Stift hat seinen kompletten Bücherbestand über die Zeiten hinweg retten können. Auch im 30-jährigen Krieg (1618 – 1648) blieb es verschont, während im nicht allzu weit entfernten Tübinger Schloss die herzogliche Bibliothek geplündert und ihre meisten Bücher nach München verschleppt wurden.

Das Evangelische Stift wurde 1536 gegründet, um das zwei Jahre zuvor reformierte Herzogtum mit gut ausgebildeten Pfarrern des neuen Glaubens zu versorgen. Bald flossen ihm viele Schenkungen zu, daneben erhielt es Buchbestände aus aufgelösten Klöstern (etwa Urach oder Güterstein) oder namhafte Privatbibliotheken. Das wertvollste Unikat ist ein Hausbuch der Truchsessen von Waldburg aus dem 15. Jahrhundert, das astronomische und astrologische Bestimmungen, medizinische Ratschläge, einen Kalender und zahlreiche Miniaturen enthält. Es musste noch nie restauriert werden; sein Wert wird auf bis zu 200.000 Euro geschätzt. Weitere seltene Stücke stammen aus dem 15. Jahrhundert. Als man die Einbände alter Bücher ablöste, kamen sogar Pergamente aus dem 11. Jahrhundert zum Vorschein, die aus Messbüchern stammten.

So besitzt das Stift ein Fragment von Wolfram von Eschenbach. Unter seinem Handschriftenbestand findet sich ein arabisches Gebetbüchlein, das 1687 ein Soldat in den Türkenkriegen erbeutet hatte. Er wusste daheim nichts mehr damit anzufangen, schenkte es seinem Pfarrer, und dieser vermachte es dem Stift. Ein weiteres Schmuckstück ist die Schädel'sche Weltchronik aus dem Jahre 1493. Sie kostete einst 4 bis 5 Gulden, das entsprach dem Wert von 5 bis 6 Ochsen, und nur reiche Leute konnten sie sich leisten. Die Chronik wurde von Anton Koberger in Nürnberg gedruckt und in ganz Europa vertrieben. Schädel wollte in ihr die ganze Menschheitsgeschichte darstellen: Er begann bei der Schöpfung und hörte im Jahre 1500 auf, da er dann den Weltuntergang mit dem Jüngsten Gericht und dem Kampf mit dem Antichristen erwartete.

Johannes Kepler: Seiner Zeit um Jahrhunderte voraus

Das Kepler-Museum in Weil der Stadt befindet sich im Geburtshaus von Johannes Kepler (1571 bis 1630). Dieses im frühen 16. Jahrhundert erbaute und heute denkmalgeschützte Gebäude direkt neben dem Rathaus wird nach Angaben der Kepler-Gesellschaft seit 1940 als Kepler-Museum genutzt. 1999 wurde es neu gestaltet; seitdem werden anhand zweisprachiger Informationstafeln, Illustrationen, Karten, Originalwerken und Modellen, aber auch mit modernster Computersimulation und mit Videoclips auf zwei Geschossen in sieben chronologisch und thematisch gegliederten Bereichen Leben, Werk und Bedeutung des Astronomen und Mathematikers anschaulich dargestellt.

Die Ausstellung zeigt, in welcher Zeit tief greifender gesellschaftlicher Umbrüche Kepler aufwuchs. Das schwächliche und kränkliche Kind durchlief die (evangelischen) Klosterschulen Adelberg und Maulbronn, ehe es im Tübinger Stift Theologie studierte. Bereits während seiner Studienzeit wurde der junge, selbstständig denkende Kepler ein überzeugter Anhänger des neu erkannten heliozentrischen Weltbildes. Weil er sich sein Denken nicht vorschreiben lassen wollte, unterschrieb er nach dem erfolgreich beendeten Theologiestudium das Konkordienbuch mit seinen für die württembergische Landeskirche grundlegenden Bestimmungen nicht. Er fand deshalb keine Anstellung im Lande, musste ein unstetes und oft von Finanzsorgen beschattetes Leben führen – auch weil er mehrfach den Übertritt zur katholischen Konfession verweigerte.

In Graz/Steiermark veröffentlichte er seine ersten wissenschaftlichen Werke und wurde deshalb – obwohl wegen seines evangelischen Glaubens stets benachteiligt – »Hofmathematicus« am Kaiserhof in Prag. Hier entstanden die bis heute gültigen Planetengesetze und die in ihrer Genauigkeit bis ins 19. Jahrhundert unübertroffenen »Rudolfinischen Tafeln«. Hier beobachtete Kepler auch 1600 eine partielle Sonnenfinsternis, die er richtig vorausberechnet hatte. Dies ist in der Ausstellung ebenso nachgestellt wie Keplers durchaus selbständige Berechnung des Geburtsjahres von Jesus Christus und sein mannhaftes Eintreten für seine in einen Hexenprozess verstrickte Mutter. Ein Ausblick skizziert die unmittelbaren Auswirkungen von Keplers Erkenntnissen auf die moderne Astronomie, sie zeigt auch, dass Newton, Einstein und Popper auf ihnen aufgebaut haben. Ergänzende Exponate wie Stammbäume, Heimatgeschichtliches, Bilder, das für Wallenstein ausgearbeitete Horoskop und die 1623 für Kepler erbaute erste funktionierende Rechenmaschine der Welt ergänzen die Ausstellung. Sie ist täglich außer montags geöffnet. Ein farbiger, bebilderter Katalog gibt eine Fülle von Erläuterungen und weiterführende Literaturhinweise. An Computern sind Simulationen möglich, die die Keplerschen Gesetze anschaulich machen.

Wilhelm Schickhardt: das unbekannte Universalgenie

Wilhelm Schickhardt, der »schwäbische Leonardo da Vinci«, baute nicht nur 1623 die erste Rechenmaschine der Welt, er war auch ein Sprachforscher, Naturwissenschaftler, Mathematiker und Astronom von Rang. Er vereinte in sich nahezu das gesamte Wissen seiner Zeit und war ihr mit seinen genialen Erfindungen – etwa der Rechenmaschine oder den ebenfalls von ihm ersonnenen »astronomischen Rechenstäbchen« – weit voraus. Schickhardt hatte die Gabe, Neues ungemein rasch umzusetzen (so war er einer der ersten in Deutschland, die mit den damals neuen Logarithmen arbeiteten) und als überragender Tüftler für die praktische Arbeit nutzbar zu machen.

Seine Rechenmaschine, die er selbst als »Rechen-Uhr« bezeichnete, hatte nur elf drehbare Teile, beherrschte aber leicht, mühelos und fehlerfrei die vier Grundrechenarten im Zahlenraum von Null bis einer Million und gab selbsttätig ein akustisches Signal, wenn dieser Bereich verlassen wurde. Über 200 Jahre gab es keine andere Rechenmaschine von so erstaunlicher Vollkommenheit. Erst Ende des 18. Jahrhunderts übertraf der württembergische Pfarrer und Pietist Philipp Matthäus Hahn mit seinen Maschinen den genialen Vorgänger und Amtsbruder.

Der schwäbische »Leonardo da Vinci« Wilhelm Schickhardt wurde am 22. April 1592 in Herrenberg geboren; sein Vater war der Schreiner und Baumeister Lukas Schickhardt, seine Mutter die Gärtringer Pfarrerstochter Margarethe Gmelin. Der Schickhardt-Familie entstammen auch die beiden Heinriche, von denen der eine das Chorgestühl in der Herrenberger Stiftskirche schuf, der andere war der bedeutende württembergische Renaissancebaumeister, der in nahezu jedem Ort Altwürttembergs und Mömpelgards seine Spuren hinterlassen hat. In Wilhelm Schickhardt vereinte sich das künstlerische, wissenschaftliche und handwerkliche Können seiner Familie zu solcher Vollendung, dass er als »schwäbisches Universalgenie« und als »schwäbischer Leonardo da Vinci« gerühmt wird. Er wuchs in Herrenberg auf, durchlief ab 1599 das damals europaweit vorbildliche und ungemein breit angelegte württembergische Bildungssystem, das ihn über Latein- und Klosterschule bereits 1610 zum Theologiestudium in das Tübinger Stift führte. Bereits 1611 erwarb er den Magistergrad, 1613 wurde er Vikar, 1614 hatte er seine theologische Ausbildung abgeschlossen und ging als »Diakon« (zweiter Stadtpfarrer) nach Nürtingen.

Freund und Kupferstecher von Johannes Kepler

Der junge Pfarrer hatte auch Zeit für seine künstlerischen Interessen (er malte und porträtierte), für wissenschaftliche Studien und Arbeiten. Schon vorher hatte er sich intensiv mit Mathematik und der Kupferstich-Technik befasst, in Nürtingen wandte er sich der Optik und weiteren alten Sprachen zu. So brachte er sich im Selbststudium die altsyrische Sprache bei und gab eine Grammatik in dieser Sprache neu heraus. 1617 lernte Schickhardt in Nürtingen seinen bedeutenden Landsmann Johannes Kepler persönlich kennen, der seit 1612 »Kaiserlicher Mathematicus« in Prag und Linz war. Kepler erkannte rasch Schickhardts Begabung und Vielseitigkeit; er ließ sich von ihm mehrere Bücher illustrieren und regte ihn an, doch seine mathematischen Studien fortzusetzen. Aus dieser Zeit datiert die lebenslang dauernde Freundschaft mit Kepler. Der berühmte Astronom schätzte Schickhardt als »erfindungsreichen Mechanikus« und ausgezeichneten Zeichner und Kupferstecher«.

Das Multi-Talent wurde jung Professor

Schickhardt machte durch Veröffentlichungen und Lehrbücher früh auf sich aufmerksam. Bereits 1618 wurde ihm erstmals eine Professur (in Hebräisch) an der Universität Tübingen angeboten Der seines Wertes sich wohl bewusste Mann lehnte sie aber wegen zu geringer Bezahlung rundweg ab. 1619 wurde ihm eine auf Geheiß des Herzogs besser ausgestattete Professur übertragen. Schickhardt lehrte nicht nur altorientalistische Sprachen wie Chaldäisch und Rabbinisch, er las auch über Mathematik, Optik, perspektivisches Zeichnen, Festungsbau und Hydraulik, er gab Lehrbücher heraus und sein 1623 herausgegebenes »Horologium Hebraicum« wurde bis 1731 insgesamt 40 mal neu aufgelegt.

Anhand eines Korans erlernte der frühere Pfarrer Arabisch (um die Auseinandersetzung mit dem »Pseudopropheten Mohammed« besser führen zu können) und legte zahlreiche Veröffentlichungen zu den alten Sprachen vor. Daneben war das Sprachenwunder – er betrieb auch Studien in Türkisch, Malaiisch und Chinesisch (und das im 16. Jahrhundert!) auch in den Bereichen Mathematik und Astronomie tätig. Als Michael Mästlin, der Lehrer Keplers und Schickhardts, 1631 hochbetagt starb, wurde seine Professur für

Astronomie, Mathematik und Geodäsie (Vermessungskunde) ihm übertragen. Auch in den Bereichen konnte Schickhardt bedeutende Leistungen und Veröffentlichungen vorweisen. Seine praktischen Fähigkeiten stellte er unter Beweis, als er die erste geodätische Landaufnahme Württembergs vorbildlich durchführte, ebenfalls nach einer von ihm entwickelten neuen kartographischen Methode.

Schickhardt muss geradezu ein Arbeitstier gewesen sein. Unermüdlich bildete er sich selbst fort. Er widmete sich Sprachstudien, beobachtete mit einem von ihm verbesserten Triangulum die Gestirne und legte 1631 eine eigene Mondtheorie vor; er war als Schulvisitator tätig und stand mit den großen Geistern seiner Zeit in brieflicher Verbindung. Die Liste seiner Vorlesungen, Lehrbücher, Erfindungen vermittelt sowohl einen Eindruck von seiner umfassenden Bildung, wie auch von seinem Arbeitseifer und seinem Einfallsreichtum. Er war nicht nur Theologe und Sprachwissenschaftler, er beherrschte nahezu das gesamte naturwissenschaftliche Wissen seiner Zeit, und er setzte es – wie die von ihm ersonnene Rechenmaschine beweist – durch geniale Konstruktionen gelungen in die Praxis um.

Dabei ist der gelehrte Tüftler nie aus seiner engeren Heimat hinausgekommen. Seine Leistungen verdienen hohen Respekt auch deshalb, weil sie in dem damals weltabgelegenen Tübingen erbracht wurden, das durch den 30-jährigen Krieg noch zusätzlich isoliert war. Zudem gab es damals weder eine anerkannte wissenschaftliche Fachsprache noch exakte Maße und Recheneinheiten.

Ein Opfer des 30-jährigen Krieges

Sein jähes Ende mit nur 43 Jahren riss ihn vom Zenit seines Schaffens. Nach der Schlacht von Nördlingen bekam das nun schutzlos offen liegende Württemberg den 30-jährigen Krieg furchtbar zu spüren. Bereits am 12. September wurde Tübingen besetzt, und im Gefolge der Soldateska kam die Pest. Ihr fiel binnen kürzester Zeit

Schickhardts gesamte Familie, bis auf den Sohn Theophil, zum Opfer: Aus seiner 1615 mit der Pfarrerstochter Sabine Mack geschlossenen Ehe waren insgesamt zehn Kinder hervorgegangen. Schickhardt selbst wurde von der Krankheit ergriffen, wurde aber wieder gesund. Am 9. Juli 1635 floh eine Schwester mit ihren Kindern aus dem brennenden Herrenberg nach Tübingen; sie brachte erneut die Pest ins Haus. Binnen kurzem starb das Haus leer. Schickhardt floh zunächst mit seinem einzigen noch überlebenden Sohn in einen pestfreien Nachbarort, Dußlingen, kehrte von dort aus Sorge um seine Bücher und wissenschaftlichen Arbeiten am 4. Oktober wieder in sein Haus zurück. Dort erkrankte er erneut; am 23. Oktober starb er – erst 43 Jahre alt. Sein Sohn Theophil starb einen Tag später.

Über Wilhelm Schickhardts Leben und Werk liegt Tragik. Nach seinem frühen Tod ist der Wissenschaftler rasch und gründlich vergessen worden. Er hatte sein umfassendes Wissen nicht mehr an adäquate Schüler weitergeben können. Sein Nachlass wurde in den Wirren des 30-jährigen Krieges und danach in mehrere Länder Europas verschleudert, ist heute noch weit verstreut und – soweit überhaupt bekannt – nur ansatzweise erforscht. Deshalb ist auch erst in den 60er Jahren dieses Jahrhunderts eindeutig festgestellt worden, dass Wilhelm Schickhardt die erste funktionierende Rechenmaschine der Welt ersann und bauen ließ. Die von ihm 1631 aufgestellte Mondtheorie wurde ebenfalls erst jetzt neu entdeckt. Immerhin hat die Schickhardt-Forschung nun begonnen, und es ist anzunehmen, dass sie noch so manche Neuigkeit von dem lange vergessenen Genie zutage fördern wird. Eine erste Ehrung für das unbekannte schwäbische Universalgenie kam von der Post: 1973 erinnerte sie mit einer Sondermarke an die erste Rechenmaschine der Welt.

Bücher geplündert um die Reformation zu schwächen

Die Reformation war nicht nur eine Sache des Glaubens, sondern auch des Wissens. Der fromme und entschieden evangelische Herzog Christoph (1550 – 1568) trug deshalb in der von ihm begründeten Tübinger Schlossbibliothek als geistig/geistliche »Waffenkammer der Reformation« 2.100 Handschriften und Bücher zusammen – allein 679 davon aus dem theologischen Bereich. Die Bibliothek enthielt das Wissen ihrer Zeit für Regierungsgeschäfte, Kriege und Forschung. Zu ihr gehörten Schmuckstücke wie die Renner-Handschrift aus dem Jahre 1430, das »Bebenhäuser Legendar« aus dem Jahre 1439, Schriften der Reformatoren Philipp Melanchthon und Primus Truber und von Hans Sachs, die zweibändige Frankfurter Bibel der Jahre 1560/61, Aufzeichnungen der Tübinger Professoren Martin Crusius und Michael Mästlin.

Unter Christophs Nachfolgern bekam die Bibliothek keinen nennenswerten Zuwachs mehr. Nach der von Evangelischen verlorenen Schlacht von Nördlingen im Jahre 1634 wurde das schutzlose Württemberg von den katholisch-kaiserlichen Truppen ausgeraubt. Tübingen erreichte am 20. September 1634 zwar einen Schutzbrief vor Raub und Plünderung, der bayerische Kurfürst Maximilian – ein militanter Gegenreformator – ließ dessen ungeachtet aber die Bibliothek nach München wegführen. So wollte er die Reformatoren ihrer geistigen Rüstkammer berauben, andererseits aber auch seine eigenen Bücherverluste ausgleichen, hatten doch die protestantischen Schweden ihm 1632 Bibliothek und Kunstkammer seiner eigenen Residenz geplündert. So kamen die Bücher aus Tübingen nach München.

Dort sind sie bis heute geblieben. 1648 war zwar ausdrücklich ihre Rückgabe zugesagt worden, in dem vom Krieg schwer gezeichneten Tübingen wurden aber die Bücherverluste schlichtweg vergessen. Als man sich im ausgehenden 18. Jahrhundert neu an sie erinnerte, leugneten die Bayern, in Tübingen jemals Bücher geraubt zu haben – obgleich kostbare Stücke der Bayrischen Staatsbibliothek Porträt- und Wappen-Supralibros württembergischer Herzöge tragen. Als sich dann im Jahre 1834 – fast genau 200 Jahre danach – der wahre Sachverhalt nicht länger leugnen ließ, hatte dies keine Rückführungen mehr zur Folge. Heute stehen die Bücher der einstigen Hohentübinger Sammlung für Forschung und Wissenschaft offen – in München.

Ein eigenes Glaubensbekenntnis sollte die Einheit retten

Das bereits im Jahre 767 erstmals urkundlich erwähnte Dornstetten ist einer der ältesten Orte im nahen Umkreis. Die Stadt war lange Amts-, später Oberamtsstadt, bis sie nach der Gründung von Freudenstadt nahezu alle zentralen Funktionen einbüßte. Kirchengeschichtlich spielt sie eine besondere Rolle, weil in ihr im Mai 1551 das »Dornstetter Gespräch« stattfand, bei dem evangelische Theologen aus Württemberg und aus Straßburg ihren Beitrag zum Konzil von Trient vorbereiteten.

Aus dem »Dornstetter Gespräch« heraus ist die »Confessio Virtembergica« entstanden, eine bedeutende evangelische Bekenntnisschrift. Sie sollte beim Konzil in Trient abgegeben werden. Die Confessio Virtembergica verfasste Johannes Brenz, der Reformator Württembergs. Das angestrebte gemeinsame evangelische Glaubensbekenntnis kam aus den unterschiedlichsten Gründen nicht zustande, immerhin stimmten sich die Württemberger in Dornstetten mit Theologen des oberdeutschen Bereiches und später mit der Pfalz ab. Danach wurde das Bekenntnis überarbeitet und von einer Gesandtschaft nach Trient gebracht. Es war das einzige evangelische Bekenntnis, das dem Konzil übergeben wurde.

Dort wurde es aber weder verlesen noch ins Protokoll aufgenommen. Das Konzil hat sich mit ihm auch nicht beschäftigt, und die in Aussicht gestellte Erwiderung hat es nie gegeben. Damit war die letzte Möglichkeit vertan, die Glaubensspaltung zu überwinden. Danach verfestigten sich – auf evangelischer und auf katholischer Seite – die gegensätzlichen Positionen, man beharrte auf der eigenen Rechtgläubigkeit, Kontakte über die Konfessionsgrenzen hinweg gab es kaum noch.

Nachdem das Konzil von Trient aus reformatorischer Sicht gescheitert war, wandelte sich Württemberg unter Herzog Christoph zu einem entschieden evangelischen Staatswesen. So hatten etwa Pfarrer die Aufsicht über die örtlichen Schulen; natürlich achteten sie besonders auf eine ausgeprägt religiöse Erziehung. Im Lande musste jeder Beamte die »Confessio Virtembergica« unterschreiben und sich an sie halten. Wer das nicht tat, hatte keine Aussicht, jemals eine Staatsstelle zu erhalten. Der weltberühmte Astronom und Mathematiker Johannes Kepler wurde in Württemberg nicht angestellt, eben, weil er sich weigerte, sich das Denken vorschreiben zu lassen. Er ging deshalb außer Landes und wurde schließlich am Kaiserhof in Prag »Hofmathematicus« des Kaisers.

Die »Confessio Virtembergica« wirkte über Württemberg hinaus; so sind Inhalte von ihr in die 1563 entstandenen Artikel der anglikanischen Kirche eingeflossen.

Das württembergische Modell vom Reich Gottes geschaffen

Jakob Andreä (1528 – 1590) hat Entscheidendes dazu beigetragen, den neuen Glauben im Lande zu verankern. Der Prediger und Reformator, Generalsuperintendent, Ratgeber des Herzogs, Theologieprofessor und Kanzler der Universität Tübingen war ein Mann der zweiten Generation, er hat sein Leben ganz in den Dienst der Reformation gestellt und sich mit nie nachlassendem Eifer bemüht, sie in Württemberg abzusichern und darüber hinaus zu verbreiten. Ihm ist es zuzuschreiben, dass das Herzogtum Württemberg völlig in den neuen Glauben eingebunden war. In keinem anderen Territorium in Deutschland ist dies so vollkommen verwirklicht worden.

Der vielseitig begabte und unermüdlich Tätige wollte die Reformation auch politisch absichern. Als Ideal dafür sah er das von Herzog Christoph und Johannes Brenz in Württemberg geschaffene Modell mit einer fest in den Staat eingegliederten zentralen Landeskirche mit einheitlicher Lehre. Dieses Modell hat Andreä weit über die Grenzen seiner Heimat hinaus propagiert. Er ist deshalb schon als »Geschenk Württembergs an den gesamten deutschen Protestantismus« genannt worden.

Jakob Andreä wurde als Jakob Endriss am 25. März 1528 in Waiblingen geboren. Der Sohn eines Hufschmieds latinisierte später seinen Namen in Andreä (= Sohn des Endriss/Andreas). Der begabte Junge konnte dank der finanziellen Unterstützung seiner Vaterstadt eine Lateinschule besuchen, und 1541 kam er – mit 13 Jahren! – in das soeben errichtete Stift nach Tübingen. Schon 1546 schloss er sein Theologiestudium mit dem Magisterexamen ab. Mit 18 Jahren wurde er »Diaconus« (zweiter Pfarrer) an der Stuttgarter Stiftskirche; dort hielt er als einziger evangelischer Pfarrer Stuttgarts während der angespannten Zeit des Augsburger Interims (vorübergehende Besetzung des Herzogtums durch katholische Truppen) bis zuletzt aus, musste aber 1548 doch weichen und kam als »Katechist« nach Tübingen. Dort reichte er 1550 dem sterbenden Herzog Ulrich das Abendmahl.

Dessen Nachfolger, Herzog Christoph, wurde früh auf den standhaften Pfarrer aufmerksam: 1553 wurde der soeben zum D. theol. promovierte Wissenschaftler Superintendent (Dekan) in Göppingen und kurz darauf einer der damals vier württembergischen »Generalsuperintendenten« (Prälaten). 1562 wechselte Andreä, der sich inzwischen in zahlreichen Sonderaufgaben bewährt hatte, als Theologieprofessor und Propst an die Stiftskirche Tübingen und wurde zum Kanzler der Universität berufen. Er war es, der die bis zuletzt widerspenstige Hochschule reformierte (eine Aufgabe, an der vor ihm unter anderem Ambrosius Blarer gescheitert war). Durch Andreä wurde sie wieder belebt und zur streng lutherischen Hochschule für den gesamten oberdeutschen Sprachraum. Später war sie die Hochburg der lutherischen Orthodoxie.

Das württembergisches Vorbild weit verbreitet

Nach seinem württembergischen Muster reformierte Andreä die kirchlichen Verhältnisse im südwestdeutschen Gebiet ebenso wie in norddeutschen Landen. Er hat für die »evangelische Sache« in der Kurpfalz ebenso gewirkt wie in den Reichsstädten Aalen und Hagenau, der Markgrafschaft Baden-Durlach, der Grafschaft Hohenlohe, in Fürstentümern und zahlreichen Ritterschaften, aber auch in den Herzogtümern Kleve-Jülich am Niederrhein, Braunschweig-Wolfenbüttel und in Kursachsen. Er stand unter anderem in Briefwechsel mit dem Reformator Calvin und verhandelte in Prag mit dem Kaiser.

Im Auftrag des württembergischen Herzogs Christoph hat Andreä persönlich in Frankreich und brieflich beim Patriarchen von Konstantinopel versucht, eine politische Achse gegen das Papsttum zustande zu bringen. Er hat die englische Königin Elisabeth I. in Konfessionsfragen beraten, und ihm ist es mit zuzuschreiben, dass Teile des württembergischen Bekenntnisses in die Anglikanischen Artikel von 1563 und in das Common Prayer Book eingegangen sind.

Daneben betrieb er unermüdlich die Einigung des früh in sich zerstrittenen Luthertums. Ergebnis dieser Bemühungen waren die Konkordienformel (1577) und das Konkordienbuch (1580). Es enthält die für die meisten protestantischen Richtungen verbindlichen Schriften: die drei altkirchlichen Bekenntnisse, das Augsburger Glaubensbekenntnis in Urfassung und Apologie, die Schmalkaldischen Artikel, Melanchthons Traktat über die Gewalt des Papstes und den Großen und Kleinen Katechismus vonMartin Luther. Die Auswirkungen von Konkordienformel und -buch auf die Prägung des Protestantismus sind kaum zu überschätzen. Mit ihnen schuf Andreä die verbindliche dogmatische Grundlage für die Einigung der Lutheraner, und so hat Andreä eine Generation nach Martin Luther die Bekenntnisbildung der Reformationszeit abgeschlossen und »die rechte Lehre« festgeschrieben. Dabei erhielt die Wortverkündigung als Herzstück lutherischen Kirchenwesens besonderes Gewicht. Seine Konkordienformel musste bis 1743 jeder unterschreiben, der in Württemberg ein Amt antreten wollte - oder er wurde nicht eingestellt.

»Er war der Allergetreueste«

Die von ihm selbst in lateinischer Sprache verfasste Biografie ist 1991 – 360 Jahre nach ihrem Erscheinen – erstmals in deutscher Übersetzung erschienen. In seiner bis 1562 reichenden ausführlichen Lebensbeschreibung legt Andreä Rechenschaft über seinen Glauben, seine Lehre und sein Leben ab. Er schildert seinen Werdegang, die vielfältigen Aktivitäten im Dienste der Reformation und kommentiert aus seiner Sicht viele wichtige Ereignisse und

Begebenheiten seiner Zeit. Dabei geht er mit »Papisten« scharf ins Gericht. Noch auf dem Totenbett bekannte sich der Theologe nachdrücklich zu seiner lutherischen Glaubensüberzeugung.

Andreä starb am 7. Januar 1590 in Tübingen; sein Grab befindet sich dort in der Stiftskirche. Auf seinem Grabstein steht: »Er war der Allergetreueste.« Seine Ehefrau, die er 1546 heiratete und mit der er 18 Kinder hatte, war bereits 1583 gestorben. Andreä taucht als »schwäbischer Massen-Ahn« – von seinen 18 Kindern hatten zehn wiederum Kinder – in zahlreichen Stammbäumen der württembergischen Ehrbarkeit auf. Bereits 40 Jahre nach seinem Tod berichtet sein ebenfalls bedeutender Enkel Johann Valentin Andreä von 80 Enkeln und 200 Urenkeln.

Siebenmal täglich riefen die Glocken zum Gebet

Glocken rufen zum Gebet. Bereits im frühen 7. Jahrhundert wurde das Glockenläuten vom Papst als »heilig« bezeichnet, denn jedes Glockenläuten war ursprünglich ein Läuten, das zum Gebet aufrief. Im entschieden evangelisch geprägten Altwürttemberg gab es einst an jedem Tag bis zu sieben verschiedene Glockenrufe zum Gebet.

Das Morgenläuten bei Tagesbeginn weckte zum Morgengebet und erinnerte täglich an die Auferstehung Christi am frühen Morgen. Es folgte das 9-Uhr-Läuten zur Stunde der Kreuzigung Christi das 11-Uhr-Läuten, das an die nach der Kreuzigung einbrechende Finsternis erinnert, das 12-Uhr-Läuten um Frieden in Kirche und Land, das 15-Uhr-Läuten zur Todesstunde Christi und das Abendläuten, das auf den eigenen Tod und das Gericht am Jüngsten Tag hinwies. Bei jedem Läuten sollte gebetet werden, ebenso beim Nachtläuten, das nach der hereingebrochenen Dunkelheit zum Nachtgebet aufrief.

Die werktäglich sieben Läutezeichen konnten sich auf Dauer nicht in allen Gemeinden gleichmäßig erhalten. Besonders im einstigen Altwürttemberg ist aber bis heute werktags viermal der Glockenruf zum Gebet zu hören: zum Morgenläuten bei Tagesanbruch, zum Mittagsläuten (Friedensgeläut) um 12 Uhr, zur Todesstunde Jesu um 15 Uhr und zum Abendläuten bei Einbruch der Dunkelheit.

Beim Morgenläuten wurde oft der Liedvers »Mit dem Herrn fang alles an ...« gebetet, zum Mittagsläuten war es üblich, zumindest den Vers des wohl 1542 entstandenen Luther-Liedes zu beten »Erhalt uns, Herr, bei Deinem Wort, und steure Deiner Feinde Mord«, das in seiner ursprünglichen Fassung lautete »... und wehr des Papsts und Türken Mord« und damit noch deutlicher die Bitte um

Erhalt des inneren und äußeren Friedens erkennen ließ. Zur Todesstunde Jesu läutet die »Kreuzglocke« um 15 Uhr und zum Abendgebet bei hereinbrechender Dämmerung ist bis heute das Beten des Liedverses »Liebster Mensch, was mags bedeuten, dieses späte Abendläuten ...?« weit verbreitet. Zusätzlich erhielt sich in vielen Gemeinden am Freitag, dem Todestag Jesu, ein weiteres Läuten um 11 Uhr, als nach der Kreuzigung Jesu die Finsternis über das Land hereinbrach. Dagegen ist das einst ebenfalls übliche Donnerstagabend-Läuten, das an den Gebetskampf Jesu in Gethsemane erinnert, kaum mehr zu hören.

Das an fast allen Orten pünktlich »Schlag zwölf« zu hörende »Mittagsläuten« soll also nicht den Beginn einer Mittagspause anzeigen. Es ruft seit der Mitte des 15. Jahrhunderts dazu auf, täglich um den Erhalt des Friedens zu beten. Dieses »Friedensgebet« entstand noch in der Zeit vor der Reformation. Damals schien das christliche Abendland ernsthaft bedroht zu sein: Die heidnischen Türken hatten 1453 Konstantinopel erobert und das Oströmische Reich von der Landkarte gefegt; das ganze christliche Europa zitterte vor den bis dahin unbesiegbaren Janitscharen. Am Himmel erschien ein roter Komet, der nach damaliger Meinung Pest, Seuchen und Verderben erwarten ließ und der allgemein mit der Türkengefahr in Verbindung gebracht wurde.

Darum bestimmte Papst Calixtus III., dass von jetzt an immer zur Mittagszeit Glocken zu läuten hätten. Bei ihrem Klang solle eine besondere Gebets-Bitte um den Erhalt des Friedens und um die Bewahrung vor der Türkengefahr gesprochen werden. Dieses »Türkenläuten« hat sich über die Jahrhunderte hinweg bis heute als »Mittagsläuten« erhalten; die dazu verwendete Glocke hieß bis in die jüngste Zeit an vielen Orten noch die »Türkenglocke«. Auch nach der Reformation 1517 und dem Abklingen der Türkengefahr behielten die Kirchen den Brauch des Mittagläutens bei; in evangelischen Kirchen ruft die Mittagsglocke heute zum Gebet um die Erhaltung des Wortes Gottes und um den Erhalt des Friedens in Kirche und Land.

Zum Stundenschlag waren die Glocken ursprünglich nicht bestimmt. Erst als etwa ab 1700 Uhrwerke auf die Kirchtürme kamen, wurde das Gebetsläuten durch den Glockenschlag zur vollen Stunde, später auch zur halben Stunde und schließlich alle 15 Minuten ergänzt. Heute ist vielen Menschen kaum mehr bewusst, dass Glocken zuerst zum Gottesdienst einladen und zum Gebet rufen. Dabei ist diese Zweckbestimmung an den bis heute üblichen Läutebräuchen zu erkennen: Glocken laden werktags wie sonntags zu Gottesdiensten ein. Wird dabei das Vaterunser gebetet, so läutet die »Betglocke« dazu, wird der Gemeinde der Segen zugesprochen, so ertönt an einigen Orten die »Segensglocke«. Auch das »Schiedläuten« ist in vielen Gemeinden noch üblich oder wird wieder eingeführt: Ist ein Mitglied der Gemeinde verstorben (»abgeschieden«), so wird mit der »Schiedglocke« geläutet und die Gemeinde zur Fürbitte für den Entschlafenen und seine Angehörigen aufgerufen. Auch zu Sondergottesdiensten wie Trauung und Bestattung wird häufig mit Glockengeläut eingeladen – oft mit einem besonderen Teilgeläut bestimmter Glocken.

Getrennte Kalender zerteilten das Land

Das Jahr beginnt für evangelische und katholische Christen übereinstimmend mit dem 1. Januar. Das ist nicht selbstverständlich, hatten doch beide Konfessionen über hundert Jahre unterschiedliche Kalender, weil Protestanten die 1582 von Papst Gregor XIII. dekretierte Reform des Julianischen Kalenders lange wütend bekämpften. Die Kalenderentscheidung wurde zur Glaubensfrage hochstilisiert; das hatte zur Folge, dass in Deutschland – besonders ausgeprägt in dem territorial stark zersplitterten süddeutschen Bereich – Evangelische und Katholische schließlich völlig beziehungslos nebeneinander her lebten.

Der von Julius Caesar im Jahre 46 vor Christus eingeführte »Julianische Kalender« ging von einem 365 Tage zählenden Sonnenjahr aus und sah alle vier Jahre einen Schalttag vor; sein Kalenderjahr blieb aber um etwa elf Minuten hinter dem tatsächlichen Sonnenumlauf zurück. Dies summierte sich im Laufe der Jahrhunderte zu Tagen. Der Frühlingsanfang mit seiner Tag- und Nachtgleiche wanderte vom 25. März zur Zeit Caesars immer weiter zurück und lag zur Zeit der Kalenderreform 1582 bereits auf dem 11. März.

Nun hatte aber bereits das Konzil von Nicäa im Jahre 325 festgelegt, dass Frühlingsbeginn immer am 21. März sein musste und das wichtige Osterfest der Auferstehung Christi stets am ersten Sonntag gefeiert werden sollte, der dem ersten Vollmond nach der Tag- und Nachtgleiche folgt. Damit war einerseits das Mondjahr in eine Beziehung zum Sonnenjahr gebracht, andererseits wurde so zuverlässig ausgeschlossen, dass jemals wieder an einem Karfreitag eine Sonnenfinsternis eintreten würde. Das in der Bibel am Sterbetag Christi bezeugte Ereignis würde so für alle Zeiten einmalig bleiben.

Eine Reform des im Laufe der Jahrhunderte zunehmend ungenauer gewordenen Kalenders wurde ab dem frühen 14. Jahrhundert immer wieder gefordert, aber erst 1582 verfügt. Um die davongelaufenen Tage des bisherigen Kalenders wieder einzuholen, ließ man elf Tage ausfallen: So folgte auf den 4. Oktober 1582 sofort der 15. Oktober; ferner wurden die Schaltjahre neu geordnet. Der Gregorianische Kalender wird erst in 3.300 Jahren eine Zeitverschiebung von einem einzigen Tag gegenüber dem Sonnenstand bringen, so genau ist er. Dennoch gab es im damals mehrheitlich evangelischen Deutschen Reich – und hier wieder besonders im süddeutschen Raum – von Anfang an Widerstände gegen ihn. Geistiges Zentrum der Kalendergegner war die Universität Tübingen, damals die Hochburg der lutherischen Orthodoxie.

Dort beschimpfte der Theologieprofessor Jakob Heerbrand den neuen Kalender als »ein Werk des Teufels und Antichristen, des Lügners und Menschenmörders«. Gemeint war damit der Papst, der – so Heerbrand – mit dem Kalender seine durch die Reformation verloren gegangene Herrschergewalt heimtückisch wieder erlangen wollte. Sein Fakultätskollege Osiander wütete, dass der Papst mit Hilfe des Kalenders einen Religionskrieg nach Deutschland übertragen wolle, von wo er doch soeben mit seinen Ablasszetteln hinausgetrieben worden sei. Zudem beweise der »Immerwährende Kalender« schon mit seinem Namen, dass der Papst nicht an das Jüngste Gericht glaube. Kein Argument war zu abwegig, um nicht gegen »den Kalender des Papstes« ins Feld geführt zu werden. Deshalb gab es in Deutschland bald zum konfessionellen Flickenteppich auch einen Kalender mit schwerwiegenden Folgen.

Da die Katholiken auf ihrer neuen Zeitrechnung ebenso entschieden beharrten wie die Protestanten auf der alten, gab es bald kaum noch gegenseitige Berührungspunkte. Die damals besonders wichtigen Markttage fielen auseinander, der Handelsverkehr war auf das empfindlichste gestört, auf dem Weg von München nach Karlsruhe wechselte der Kalender auf einer bestimmten Strecke nicht weniger als sechsmal. Unerträgliche Spannungen entstanden im konfessionellen Grenzgebiet und hier wieder in den gemischtkonfessionellen Dörfern, Städten und Herrschaften. In Augsburg etwa, wo die Katholiken »ihren« Gregorianischen Kalender befolgten, kauften die Protestanten demonstrativ am katholischen Osterfest ein; umgekehrt gingen sie an »ihrem« julianischen Ostern nicht auf den Markt, obwohl sie vom mehrheitlich katholischen Rat der Stadt gezwungen wurden, ihre Geschäfte an diesem Tag geöffnet zu halten.

An hohen evangelischen Feiertagen, wie dem Karfreitag oder dem Reformationsfest, störten die Katholiken nach Kräften die Ruhe, indem sie ausgerechnet dann Bäume fällten oder Holz hackten; umgekehrt misteten die Evangelischen besonders gerne ihre Ställe dann aus, wenn am Fronleichnamsfest die Prozession gerade bei ihnen vorbeikam. Bauern mit andersgläubigem Gesinde hatten ihre liebe Not, konnten sie doch ihre Knechte und Mägde nicht an einem ihrer Feiertage arbeiten lassen, und sie waren dann machtlos, wenn diese vorgaben, heute den ihren begehen zu müssen. In konfessionellen Grenzgebieten waren deshalb oft zwei Kalender im Gebrauch; Briefe wurden mit einem evangelischen und einem katholischen Datum geschrieben. Das Reichskammergericht, in dem Protestanten und Katholiken saßen, feierte Weihnachten, Ostern, Pfingsten und Himmelfahrt doppelt, der Reichstag schloss sich dem bald an.

Der Streit um den Kalender wurde zur Glaubensentscheidung

Obgleich die bedeutenden Reichs- und Handelsstädte bald auf den »katholischen« Kalender übergingen, wurde die Kalender-Vielfalt immer mehr unerträglich. Zwar wurde schon früh darüber geklagt, dass die getrennte Zeitrechnung zu »Zerrüttung und Uneinigkeit führe« und es deshalb zu wünschen sei, dass der »aufgezwungene Kalender dort wäre, wo der Pfeffer wächst«; es blieb aber noch lange bei zwei Kalendern nebeneinander. Stimmen wie die von

Johannes Kepler, der sich schon 1597 für eine Kalendervereinheitlichung aussprach, blieben ungehört. Erst 1699 – über 115 Jahre nach der »katholischen« Kalenderreform – tüftelte das »Corpus Evangeliorum«, die Vertretung der protestantischen Stände auf dem Deutschen Reichstag, eine eigene Reform »zur Beibehaltung mehrerer Gleichförmigkeit unter allseits Evangelischen« aus. Um die verlorenen Tage einzufangen, ließ man auf den 18. Februar 1699 den 1. März folgen. So stimmte der »evangelische« Kalender mit dem »papistischen« Gregorianischen Kalender überein. Die Protestanten wahrten aber noch das Gesicht dadurch, dass sie das Osterfest im Gegensatz zu ihm nicht nach einem Zyklus, sondern astronomisch genau berechneten.

Deshalb waren ab 1700 beide Kalender zwar deckungsgleich, doch feierten die Evangelischen noch 1725 und 1744 Ostern nach ihrem eigenen Terminplan. Das löste denn auch prompt die früheren Zwiste und Streitigkeiten wieder aus und führte zu Tumulten, Aufruhr, Empörung und Anrufung der Reichsgerichte. 1775 hätte sich die Osterfeier dann zum dritten Mal unterschieden.

Hier setzte es der aufgeklärte Preußenkönig Friedrich der Große aber durch, dass nun auch das Corpus Evangeliorum die mittlerweile in ganz Europa gültige gregorianische Osterberechnung übernahm. Der Kaiser erließ ein entsprechendes Reichsgesetz, und seit dem 7. Juni 1776 haben evangelische und römisch-katholische Christen auch in Deutschland einen gemeinsamen Kalender.

An die getrennten Kalender erinnert die noch immer gebräuchliche Redewendung von »der Zeit zwischen den Jahren«. So werden bis heute die Tage zwischen dem Weihnachtsfest und Jahresbeginn bezeichnet, obgleich die einst getrennten Kalender nun schon über 200 Jahre übereinstimmen und sie heute schlichtweg falsch ist. Noch immer erinnert aber die Redewendung daran, dass einst das »evangelische Jahr« dem katholischen hinterherhinkte und es einmal tatsächlich eine Zeit zwischen verschiedenen Jahren gegeben hat.

Der Streit um das Osterfest ging bis zum Kaiser

Der neben einander her benutzte »evangelische« und »katholische« Kalender haben an Ostern 1744 einen Bürgermeister um seine Existenz und viele Bürger ins Gefängnis gebracht. Der »Sindringer Osterstreit« zwischen der katholischen Herrschaft Hohenlohe-Bartenstein und der protestantischen Bevölkerung ihres kleinen Dorfes Sindringen am Kocher beschäftigte auch Kaiser und Reichstag bis ins Jahr 1750.

Bereits im Februar 1744 hatten Bartensteinische Soldaten die Kirche in Sindringen besetzt, und sie konfiszierten den Kirchenschlüssel. Sie sollten so verhindern, dass nach dem in protestantischen Regionen noch üblichen Julianischen Kalender Ostern am 29. März gefeiert wurde. Vorgeschrieben war das Osterfest nach dem gregorianisch-katholischen Kalender am 5. April.

Als die Bürger protestierten, schickten die Herren von Bartenstein Dragoner, die zur Plage der Bürger auf deren Kosten in deren Häusern einquartiert wurden. Am »katholischen« Ostermontag wurde mit Peitschen und Stöcken traktiert, wer zur Feldarbeit hinausging. Viele wanderten in Arrest oder hatten hohe Strafen zu bezahlen. Vier Bürger mussten zu Erdarbeiten in die Bartensteiner Gärten, einer erhielt 50 Stockschläge, anderen wurden Möbel, Bettzeug und Kleidung weggenommen.

Die rabiaten Bartensteiner verfuhren nicht nur in Sindringen, sondern auch in anderen protestantischen Orten ihres Herrschaftsbereichs entsprechend radikal. Das weiß man, weil ein Amtmann in Öhringen, wo das Kirchenkonsistorium für die bedrängten Orte saß, die Leidensgeschichte in einem Buch mit dem Titel »Hohenloher Ostertränen« aufzeichnete.

Zu dem Streit war es auch gekommen, weil es persönliche Feindschaften zwischen einem eigenwilligen Pfarrer Johann Yelin und seiner weltlichen Herrschaft gab. Das nutzten ein Amtmann und ein späterer Bürgermeister aus, um den Bürgermeister und Gastwirt Johannes Edelmann und seine Familie um Hab und Gut zu bringen. Edelmann war 47 Wochen – fast ein Jahr! – unter üblen Bedingungen in Bartenstein inhaftiert. Danach wurde die Familie am 2. Mai 1746 des Ortes verwiesen. Edelmann hatte mit seiner Eingabe an den Kaiser einen Reichshofratsbeschluss gegen die Bartensteiner herbeigeführt.

Die scherte das jedoch nicht. Die Unterdrückung hatte erst 1750 ein Ende, als dem Corpus Evangelicorum beim Reichstag die Geduld riss und Ansbachische Soldaten Sindringen besetzten. Vollständig Ruhe herrschte jedoch erst ab 1776 als auch die Protestanten den Gregorianischen Kalender übernahmen und damit Evangelische und Katholische gleichzeitig Ostern feierten.

Balkan-Schriftsprachen entstanden im evangelischen Württemberg

Slowenien ist ein Land mit einer geradezu erdrückenden katholischen Mehrheit. Dennoch ist in diesem Staat der evangelische Reformationstag, der 31. Oktober, gesetzlicher Feiertag. Damit erinnert Slowenien an die Reformation, der es mittelbar seine Identität verdankt. Die von Primus Truber im württembergischen Exil übersetzte Luther-Bibel war das erste Buch in slowenischer Sprache und schuf die slowenische Schrift. Auch dieses Buch wurde in Württemberg gedruckt. Das gilt auch für den Slowenien-Nachbarstaat Kroatien: auch er verdankt sich der Reformation und Württemberg.

Im heutigen Tübinger Stadtteil Derendingen übersetzte der frühere Laibacher Domherr Primus Truber (1508 – 1586) Texte des Alten und des Neuen Testaments sowohl in seine slowenische Muttersprache als auch in das ihm gleichfalls geläufige Kroatisch. Truber ist es zuzuschreiben, dass Kroaten und Slowenen als einzige Völker des einstigen Jugoslawien in der westlichen lateinischen Schrift schreiben, Serben und Montenegriner dagegen im osteuropäischen Kyrillisch.

Primus Truber, der es in der römisch-katholischen Kirche bis zum Domherren gebracht hatte, musste wegen seiner evangelischen Predigten 1548 aus Laibach flüchten. Er kam über Nürnberg nach Rothenburg o. T. und begann dort, einen Katechismus zu verfassen, der sich stark an die Vorbilder von Martin Luther und Johannes Brenz anlehnte und der das erste Buch in slowenischer Sprache überhaupt war. Das Buch wurde 1550 in Tübingen gedruckt; die dazu notwendige obrigkeitliche Druckerlaubnis, die man andernorts nicht zu erteilen wagte, hatte der württembergische Herzog Christoph gegeben.

Ab 1553 übersetzte Truber, mittlerweile Pfarrer in Kempten, das Matthäus-Evangelium nach der Vorlage des Luther-Textes; diese Übersetzung erschien 1555. Die Druckkosten dafür, ebenso für bereits jetzt notwendig gewordene Neuauflagen des Katechismus von 1550, übernahm ebenfalls Herzog Christoph. Die Bücher wurden in Slowenien dankbar aufgenommen. Der im fernen württembergischen Exil lebende Truber wurde von dort ermutigt, mit der Bibelübersetzung fortzufahren, und Evangelische in Slowenien sammelten Geld dafür. 1557 erschien dann bereits ein Teildruck des Neuen Testaments mit den Evangelien und der Apostelgeschichte.

Mitten unter seinen Vorbereitungen für die Herausgabe seiner Bücher auch in kroatischer Sprache wurde Truber 1560 von den krainischen Landständen als Prediger nach Laibach berufen, zögerte aber, in seine Heimat zurückzugehen und erhielt die Pfarrstelle in Urach übertragen. Dort begegnete er dem ebenfalls im württembergischen Exil lebenden Hans Ungnad von Sonnegg, der bald zum Motor für den Druck kroatischer und slowenischer Bücher und Schriften wurde.

Bibeldruck für den Balkan in Urach

Der österreichische Adlige hatte ebenfalls um seines evangelischen Glaubens willen seine Heimat verlassen: Er war Landeshauptmann der Steiermark gewesen, hatte 1555 wegen seiner evangelischen Überzeugung auf seine Ämter verzichtet, war nach Deutschland gekommen und lebte seit 1558 in Urach. Er trieb den Druck der Bücher aktiv voran und gab das Geld dafür. So richtete er 1561 in Urach eine Bibelanstalt ein, die kroatische Bearbeitungen der Truber-Schriften herausbrachte – Kroatisch wurde damals überall auf dem Balkan gesprochen und verstanden – und in der 1562 das gesamte Neue Testament auch in glagolitischer (= kirchenslawischer) Schrift erschien.

Truber leitete die Bibelanstalt, auch als er 1562 dann doch nach Laibach gegangen war. Als aber die Krainer Stände 1564 eine von ihm verfasste und in Urach gedruckte evangelische Kirchenordnung in Kraft setzen wollten, wurde Truber von Erzherzog Karl, dem neuen Landesherren der innerösterreichischen Lande, endgültig ausgewiesen. Er kam 1565 wieder nach Württemberg, wurde Pfarrer in Lauffen a.N. und dann in Derendingen. In der Galluskirche dort ist begraben.

Truber widmete sich bis zu seinem Tod im Jahre 1586 Übersetzungen ins Kroatische und Slowenische: 1566 erschien eine slowenische Übersetzung des Psalters, 1567 wurde das in Derendingen entstandene und in Tübingen gedruckte slowenische Gesangbuch herausgegeben, 1582 erschien das gesamte Neue Testament in slowenischer Sprache. Die Bibelanstalt in Urach hatte nach dem Tod Ungnad von Sonneggs 1564 zwar ihre Arbeit eingestellt, in den vier Jahren ihres Bestehens aber 25 Veröffentlichungen in einer Gesamtauflage von 25 000 Exemplaren gedruckt und nahezu die gesamte protestantische Literatur in kroatischer Sprache im 16. Jahrhundert herausgebracht.

Lange Verbindung von Württemberg nach Krain

Die durch Truber und Ungnad von Sonnegg geknüpften Verbindungen zwischen Württemberg und dem fernen Krain wurden noch lange gepflegt: Der württembergische Pfarrerssohn und Dichter Nikodemus Frischlin war Lehrer in Laibach, der württembergische Herzog Christoph ermöglichte die Ausbildung Krainer Theologiestudenten in Württemberg und rang – gemeinsam mit den Krainer Landständen – dem von den Türken zeitweise schwer bedrängten Erzherzog Karl weitgehende Zugeständnisse auf religiösem Gebiet ab.

Bis heute gibt es evangelische Gemeinden in beiden Staaten, die die Stürme der Gegenreformation und der politischen Umstürze der

Jahrhunderte überlebt haben. So gibt es in Kroatien etwa 5 000 Evangelische, in Slowenien etwa 20 000. In Derendingen erinnern heute das Grab in der örtlichen Galluskirche an Primus Truber, ferner das nach ihm benannte Gemeindehaus. Schließlich hat sich der Reformator Kroatiens und Sloweniens mit der von ihm geschaffenen Schriftsprache beider Länder ein Denkmal gesetzt. Auch im Hof des Stiftes Urach erinnert eine Statue an den Pfarrer, Reformator und Wissenschaftler.

Mömpelgard: Vorposten in Frankreich

Jenseits der deutschen Reichsgrenze besaß Württemberg über 400 Jahre lang eine eigene, französischsprachige Grafschaft. Am 13. November 1397 hatte Graf Eberhard III. (der Milde) eine günstige Gelegenheit zu einer Eheabrede seines minderjährigen Sohnes mit Henriette von Mömpelgard genutzt, der unmündigen Haupterbin der Grafschaft. Von da an hat Mömpelgard das politische, kulturelle und konfessionelle Schicksal des späteren Herzogtums Württemberg getreulich geteilt.

Zwar gelang es trotz mehrfacher Bemühungen nie, eine räumliche Verbindung herzustellen. Die reiche Grafschaft im französischen Sprachgebiet hat aber zu einem intensiven kulturellen Austausch über die Grenzen hinweg geführt und Mömpelgard eine Sonderrolle in seinem französischen Umland verschafft. Das Idyll endete 1793 gewaltsam, als französische Revolutionsheere Mömpelgard besetzten.

Diplomaten und Juristen können an dem komplizierten Rechts- und Beziehungsgeflecht von Württemberg zu seinen linksrheinischen Besitztümern ihre helle Freude haben. Da gab es reichsunmittelbaren Besitz, Besitz unter französischer Lehenshoheit, Orte außerhalb des geschlossenen Gebietes und verschieden abgestufte Lehens- und Rechtsverhältnisse, die es dem württembergischen Landesherrn mal erlaubten oder verboten, die Reformation einzuführen, und ihn andererseits zwingen konnten, einem Simultaneum zuzustimmen. Kulturelle und konfessionelle Einflüsse kamen vom nahen Straßburg, dem Haupt der oberdeutschen Reformation, ebenso, wie aus der benachbarten Schweiz mit ihrer reformierten (calvinistischen) Prägung und dem Luthertum des Landesherrn.

Für Württemberg bedeutete die rund 400-jährige Zugehörigkeit von Mömpelgard einen großen Gewinn; die Grafschaft war die reichste Mitgift seiner Geschichte. Deshalb zog sie auch bald in das (württembergische) Wappen ein: Die goldenen Barben (Fische) auf rotem Grund blieben bis zum Ende des 18. Jahrhunderts dort.

Die Reformation kam zweimal nach Mömpelgard: zuerst von der nahen reformierten Schweiz aus, dann in der Regierungszeit von Herzog Christoph unter lutherischem Vorzeichen. Dazu wurde eigens die württembergische Kirchenordnung ins Französische übersetzt. Der Streit um die Religion hat seit der Reformation die Geschichte Mömpelgards begleitet. Sie bot etwa dem Franzosenkönig Ludwig XIV. den erwünschten Vorwand, sich in immer mehr Angelegenheiten einzumischen, immer neue Konflikte vom Zaun zu brechen und so die gewaltsame Re-Union Mömpelgards mit Frankreich vorzubereiten.

Württemberg und seine Grafschaft standen lange in einem höchst fruchtbaren Austausch. Seit 1557 gab es in Tübingen zehn Jahresstipendien für Mömpelgarder und Elsässer Theologiestudenten, die aber mitunter argwöhnisch beäugt wurden. »Von den Franzosen kommt der Freigeist«, murrte etwa Herzog Karl Eugen im Jahre 1789 am Beginn der Französischen Revolution und meinte damit nicht Danton und Robespierre im fernen Paris, sondern das Stift in Tübingen. Dorthin brachten die Studenten aus Mömpelgard schon früh die aufrührerischen Flugblätter und Schriften der Jakobiner mit. Hegel, Schelling und Hölderlin gehörten zu denen, die nachts im Schlafsaal den verbotenen und tagsüber sorgsam versteckten Lesestoff miteinander debattierten.

Heute erinnern nicht nur Mömpelgarder Münzen und Medaillen oder der berühmte Mömpelgarder Altar an die geschichtliche Sonderrolle der Grafschaft. Im heutigen Montbeliard besinnt man sich wieder verstärkt auf die württembergische Vergangenheit. Das Stadtbild wird noch immer von Bauten geprägt, die der (württembergische) Landesbaumeister Heinrich Schickhardt errichtete Zahlreiche Häuser tragen das württembergische Wappen, ebenso wieder frei gelegte alte Grenzsteine, und neuerdings berichten auch Informationstafeln über die württembergische Vergangenheit von Montbeliard.

Zeittafel zum evangelischen Württemberg

1477: Graf Eberhard im Bart (1445 – 1496) eint Württemberg, ruft die »Brüder vom Gemeinsamen Leben« ins Land, er begründet die Universität Tübingen und das Stift Einsiedel.

1495: Württemberg wird Herzogtum.

1517: Martin Luther leitet mit dem Anschlag seiner 95 Thesen an die Schlosskirche zu Wittenberg die Reformation ein.

1519: Der württembergische Herzog Ulrich (Regierung seit 1503) wird vertrieben, das Land kommt unter habsburgische Herrschaft.

ab 1523: Die meisten Reichsstädte im Südwesten werden evangelisch.

1534: Schlacht bei Lauffen; Herzog Ulrich gewinnt sein Land zurück und führt die Reformation ein. Klosterschulen und das Tübinger Stift werden errichtet, das Land wird im Zeichen der Reformation durchgreifend umgestaltet und erhält das modernste Schulwesen seiner Zeit.

1565: Stuttgarter Landtagsabschied. Der evangelische Glaube wird in Württemberg festgeschrieben und verfassungsrechtlich abgesichert.

1583: Erstes württembergisches Gesangbuch

1618 – 1648	30-jähriger Krieg mit schrecklichen Verwüstungen, danach Wiederaufbau des staatlichen und kirchlichen Lebens. Zur Kirchenzucht entstehen die örtlichen Kirchenkonvente.
ab 1680:	Der Pietismus wird in Württemberg heimisch.
1723:	Konfirmation wird eingeführt.
1733 – 1739	Das Land wird von katholischen Herzögen regiert, bleibt aber evangelisch.
1803:	Württemberg wird nach zahlreichen Vergrößerungen zur Zeit Napoleons ein konfessionell gemischter Staat.
1806:	Württemberg wird Königreich.
1819:	Brüdergemeinde Korntal wird gegründet.
1887:	Bürgerliche und kirchliche Gemeinden werden voneinander getrennt.
1908:	Fachaufsicht des Pfarrers über die Dorfschullehrer endet.
1919:	Ende der landesherrlichen Kirchenregierung.

Namenstafel

Ortsregister

Weitere Bücher vom gleichen Autor:

Der breite und der schmale Weg
Pietismus in Personen
Gb., 98 Seiten, mit vielen Fotos
Bestell-Nr. 549 164
ISBN 3-921113-64-4

Der Pietismus hat Württemberg tief greifend geprägt und es vollends zum Volk der Dichter und Denker, der Tüftler und Erfinder gemacht. Auf diese fortschrittliche, weltzugewandte Reformbewegung gehen Kindergottesdienst und Konfirmation ebenso zurück wie eine Vielzahl von Einrichtungen der Mission und Diakonie.

Man suchte von der Bibel her nach Antworten auf die Herausforderung der Zeit: dabei hatte man nicht nur Mitmenschen nah und fern im Blick, sondern die gesamte Schöpfung. So ist etwa der erste Tierschutzverein weltweit von württembergischen Pietisten gegründet worden.

In dem Buch »Der breite und der schmale Weg« werden der Pietismus, seine Anfänge und seine Entwicklung ebenso geschildert wie seine Auswirkungen auf Land und Leute. Am Beispiel von Männern und Frauen wird in zeitlicher Abfolge seine Geschichte bis zur Gegenwart anschaulich gemacht. Die kurzen Lebensgeschichten zeigen, wie sich der gelebte Glaube gerade im Nordschwarzwald Beispiel gebend ausgewirkt hat.

Neue Brösel
Aufgesammelt von
Hanspeter Wolfsberger
Geb., 186 Seiten, mit vielen Fotos
Bestell-Nr. 549 191
ISBN 978-3-921113-91-2

VERLAG DER LIEBENZELLER MISSION

Hanspeter Wolfsberger hat im Schatzkästchen seiner Erinnerungen gekramt – und dabei wieder eine wunderbare Fülle von Anekdoten aus Alltag, Familie und Beruf zu Tage gefördert:
Mal warmherzig-barmherzig, mal amüsant erzählt Wolfsberger Erlebnisse und Missgeschicke, zitiert Einsichten und gibt tiefe Anregungen.

»Ich habe einige Episoden aus BRÖSEL meiner Frau vorgelesen. Wie viele findet auch sie durchaus nicht alle Witze ihres Mannes lustig ... Aber bei BRÖSEL haben wir herzhaft gemeinsam gelacht.«
Andreas Malessa, SWR Fernsehen

»Bereits beim Überfliegen der Texte bin ich hängen geblieben ...«
Erwin Teufel, ehem. Ministerpräsident, über BRÖSEL